AF464743

LA VIE

DE

SAINTE ROSE.

Ste ROSE DE LIMA V.
Quasi arcus refulgens inter nebulos glorio,
et quasi flos rosarum in diebus vernis.
Elle a paru comme l'arc-en-ciel, qui
brille dans des nuées lumineuses et comme
la fleur des Roses au Printemps.
Ecque Ch. 50. V. 8.

LA VIE

DE

SAINTE ROSE

DE SAINTE MARIE,

VIERGE DU TIERS-ORDRE DE S. DOMINIQUE,

NATIVE

DE LIMA,

DANS LE PEROU.

SUIVIE

DE LA DESCRIPTION DES FÊTES QU'ON FIT A ROME, POUR SA BÉATIFICATION, ET DE LA POMPE QUE L'ON DÉPLOYA DANS L'EGLISE DE SAINT PIERRE [illegible] A CE SUJET.

AVIGNON,

L. AUBANEL, IMPRIMEUR-LIBRAIRE.

1835.

PRÉFACE.

Parmi tous les noms inscrits dans le Catalogue des Saints, celui de Sainte Rose de Lima dont nous présentons la vie aux fidèles, est après le nom de l'auguste Reine du Ciel un des plus répandus, surtout en France. Sans examiner les raisons qui déterminent ce choix, le nom de Rose flatte et réjouit les personnes qui l'ont reçu à leur Baptême, bien que la plupart d'elles ignorent les vertus et les grâces qu'a obtenues du Ciel l'illustre Vierge qui la couvert de tant de célébrité, dans l'Amérique méridionale, quoiqu'elle ne soit pas la première qui l'ait porté dans les fastes de l'Église. (1). Sous le double rapport de

(1) Le Martyrologe romain fait mention au 4e. jour de septembre, d'une autre Sainte Rose, qui vécut et mourut à Viterbe dans les états du Pape ; pendant le 13e. Siècle. Elle avait embrassé la règle du tiers-ordre de saint François-d'Assise. Ceux qui auraient lu les actes de cette Sainte qui sont très-peu répandus, lui trouveront beaucoup de ressemblance avec celle dont nous allons parler, par les qualités de l'esprit, du cœur, et presque le même genre de vie, dans la distance d'un hémisphère à l'autre, et celle de plus de trois siècles. Le corps de Sainte Rose de Viterbe préservé de toute corruption, se voit encore en cette ville dans une église de Franciscaines. A côté s'élève une tour, où se trouve une petite cellule dans laquelle cette généreuse fille passa sa vie d'une manière plus angélique que humaine.

l'héroïsme des vertus, et des rares faveurs dont le Seigneur l'a comblée, Sainte Rose de Lima est aussi distinguée parmi les Vierges sacrées dont s'honore l'église de J. C. que la Rose l'est, entre les diverses fleurs qui ornent nos parterres.

Tout fut prodigieux dans la vie de Sainte Rose. Les desseins de Dieusur elle, comme on le verra dans cette vie merveilleuse, se manifestèrent dès son berceau, elle avait reçu à son baptême le nom d'Isabelle, mais peu après sa naissance, ses parens le changèrent en celui de Rose.

Si dans ce changement de nom, ils ne cherchèrent qu'à satisfaire une tendresse trop naturelle, ou même la vanité, ainsi que tant de parens qui changent ou dénaturent les noms des saints que leurs enfans ont reçu au baptême, parce que ces noms leur paraissent trop vulgaires, ou bien ce qui serait plus blâmable parce qu'ils désignent des personnages et des vertus qui ne sont plus du goût dédaigneux de notre siècle; la conduite des parens de Sainte Rose quelle qu'ait été leur intention, fut un trait marqué de la divine providence qui présageait par ce nom donné à la Sainte dès son berceau, les vertus de pureté et de mortification, dont elle devait offrir un modèle parfait aux peuples parmi lesquels elle était destinée à vivre, et auxquels ces vertus étaient peu connues, et paraissaient même impraticables sous l'influence d'un climat brûlant.

Quoique le nom de Sainte Rose soit si commun parmi les femmes de toutes les classes, sa vie néanmoins et ses vertus vraiment admirables, sont presque aussi inconnues que son nom est chéri et multiplié, parce que l'histoire de ses actions, et des grâces qu'elle reçut du Ciel est presque généralement ignorée. En effet la vie de cette grande Sainte si intéressante pour la piété chrétienne, ne se trouve plus maintenant que dans les recueils récens des vies des saints, encore n'y est-elle que fort abrégée; d'ailleurs ces recueils se composent tous de plusieurs volumes d'un format peu portatif, et d'un prix qui n'est pas accessible au commun des lecteurs.

Nous avons donc cru faire une œuvre agréable à Dieu toujours admirable dans les élus; rendre un vrai service aux ames pieuses, surtout à celles qui portent le nom de Rose; satisfaire aussi à notre dévotion particulière pour cette aimable Sainte, que de présenter dans un petitvolume tout ce qu'elle a été, tout ce qu'elle a fait pour arriver au faîte de la sainteté.

A la vérité cette vie n'offrira pas de ces traits brillants qui font l'admiration du monde, et attirent les hommages des grands, et des peuples. C'est ici l'histoire d'une simple fille humble et modeste dont toute la gloire est cachée au dedans d'elle-même, qui n'a d'autre ambition que celle de plaire à Dieu, en tout ce qu'elle fait, en vivant ignorée et inconnue au monde On ne la verra pas comme les Agathe, les Agnès, les Lucie paraître devant les tribunaux pour y défendre et soutenir sa foi et sa pureté, contre l'épreuve des supplices et de la mort la plus cruelle. Néanmoins ces vertus fondamentales n'ont pas été en elle ni moins vives, ni moins généreuses, et constantes. Ce que la fureur et la rage des tyrans, ou des bourreaux n'ont pas exercé de tourmens sur son Corps délicat, elle l'a fait elle-même par son amour inconcevable pour la croix et la pénitence, d'une manière si extraordinaire, qu'elle est peut-être unique dans cette sorte de martyre si familier aux Saints de tous les siècles dont l'histoire de l'église nous fournit tant d'exemples frappants.

Si elle n'a pas enrichi l'église, et étonné les savans par des traités magnifiques de la vie, et de la mort de son Sauveur, comme les Brigitte, les Gertrude, les Thérèse ; elle n'en a pas été moins éclairée dans cette science, et dans la connaissance possible et convenable à la vraie et solide piété, par la méditation continuelle de ces ineffables mystères. Ayant toujours vécu intimément unie à Dieu dès sa plus tendre enfance, par un don éminent d'oraison et de contemplation sublime, et une si grande application de toutes les facultés de son ame à la considération des infinies perfections de Dieu, que la vue des objets sensibles ne les interrompait pas : c'était dans elle une adoration habituelle, et presque continuelle des trois divines personnes de l'auguste Trinité, dans un entier oubli d'elle-même ; une adhésion et une soumission parfaite de sa volonté au bon plaisir de Dieu, dans quelque situation qu'il l'a voulût, et qu'il l'a mît ; ne désirant rien tant que de se rendre à tout ce qu'elle croyait pouvoir intéresser sa gloire.

Aussi a-t-elle reçu de sa bonté paternelle, des grâces et des faveurs les plus privilégiées qui l'ont égalée aux ames les plus éminentes en sainteté, sans qu'elle soit jamais sortie cependant de sa voie, ni de ce profond anéantissement, dans lequel elle était toujours à ses propres yeux. Contente de suivre comme le prophète les voies dures, elle allait toujours à Dieu, de toutes les forces de son ame, aussi bien dans l'obscurité des plus épaisses ténèbres, dans les aridités, les délaissemens, les désolations intérieures, que dans l'éclat des plus vives lumières, des extases et des ravissemens. L'humilité la plus profonde, le mépris et l'abnégation d'elle-même, la plus franche simplicité, la candeur la plus ingénue, étaient les voies qu'elle suivait toujours sans aucune recherche d'elle-même, ni sans qu'ont pût jamais appercevoir dans ses discours, ses actions, ses manières, ni dans toute sa conduite rien d'affecté, rien de gêné, rien qui ne respirat l'amour le plus pur, et le plus sincère de Jésus à qui elle s'était uniquement consacrée. De sorte qu'elle pouvait dire avec la sainte épouse des cantiques, « Mon bien aimé est tout « à moi, et je suis aussi toute à lui.

Si elle n'a pas reçu comme Sainte Catherine de Sienne les marques des plaies du Sauveur sur son corps, elle aurait pu se vanter avec l'apôtre d'être attachée à la croix de J. C. tant par son amour séraphique pour ce bon maître, que par la ressemblance qu'elle a eue avec lui dans les douleurs de sa passion; toute sa vie n'ayant été que l'expression et la copie fidèle de ses souffrances, soit par les longues et cruelles maladies qu'elle a endurées, soit par les austérités étonnantes, et presque inconcevables qu'elle a pratiquées, soit encore plus par les peines et les désolations intérieures qui l'ont tant exercée, et enfin par les persécutions que l'enfer, et le monde lui suscitèrent, et qui n'ont fait de toute sa vie qu'un long et rigoureux martyre.

Dieu ne l'avait pas destinée comme cette Sainte pour apaiser les insurrections des peuples, pour soutenir l'autorité des Souverains, contre les entreprises des factions, et concilier les droits, et les intérêts des états, et des couronnes. Si elle n'avait pas reçu au moins d'une manière ostensible le don des miracles, le pouvoir de chasser le démon des corps des possédés, de rendre la vie aux morts, ce qui n'entrait pas dans les desseins que Dieu avait sur elle; cependant comme Catherine de Sienne, elle a été terrible aux puissances infernales, par les dons de l'Esprit-Saint que Dieu avait répandus en elle avec tant d'abondance. Elle a joui comme elle des apparitions fréquentes de son Sauveur, de la très-Sainte Vierge Marie, des anges, et des saints, sa vie toute fois, toute cachée en Dieu, si austère, si absolument étrangère à toutes les choses de la terre, était seule un prodige, peut-être plus grand encore par son inébranlable constance, que ces dons surnaturels qui ne sont pas toujours la preuve invincible de la Sainteté.

Si dans le culte que l'église rend saints, elle semble s'appuyer sur les miracles, elle s'attache avec encore plus d'attention à leur fidélité dans la pratique constante, et héroïque des vertus, et des maximes évangéliques, afin d'exciter ses enfans à les imiter, leur montrant dans les exemples de leurs frères qui les ont précédés dans cette sainte carrière, que la pratique des vertus et de la morale de J. C., n'est pas au-dessus des forces humaines, et que comme il l'a dit lui-même, tout est possible à celui qui croit fermement en lui : *Omnia possibilia sunt credenti.*

C'est donc par l'exposé fidèle que nous ferons de ces vertus portées à un très-haut degré de perfection et d'héroïsme, que nous espérons que la vie de Sainte Rose de Sainte Marie sera utile aux fidèles, qu'elle sera un sujet d'encouragement et d'émulation aux filles, et aux femmes chrétiennes pour les exciter à s'exercer selon leurs forces, et leurs moyens, dans la même carrière, et pour les y soutenir au milieu des obstacles qu'elles rencontrent souvent dans le monde où elles sont obligées de vivre. Car c'est au milieu de ce même monde que Sainte Rose a passé sa vie, et cependant si elle l'a connu, ce n'a été que pour en mépriser les maximes, les vanités et les plaisirs. Bien plus que tant d'autres de son sexe, le Ciel l'avait richement partagée de ces dons et grâces extérieures, si estimées et si recherchées de tant de jeunes personnes afin de plaire au monde; Rose au contraire instruite à l'école de l'Esprit-Saint, savait et croyait, que « rien n'est plus vain, et » plus trompeur que la beauté, et les grâces » du Corps; et que la sagesse avec la crainte du » Seigneur qui, s'annonce et paraît sur le front, » et qui est peinte sur tout l'extérieur d'une fem» me par la modestie et la pudeur, est ce qui » la rend véritablement estimable. » Aussi notre Sainte fille n'estima-t-elle rien tant que ces précieuses qualités, et ne regarda les agrémens de son visage que comme un objet digne non pas tant de son mépris que de sa haine, et comme un piége funeste à son salut, et à celui des autres. Elle mît plus de soin à effacer l'éclat de sa beauté, que n'en mettent tant d'autres filles à la relever par les raffinemens de l'art. Plus jalouse et plus empressée à se cacher dans sa maison, que n'ont de goût, et que ne mettent de soin la plupart des filles et des femmes pour paraître et à briller dans les sociétés, elle fit toujours plus de cas de l'amour, du respect, de la dépendance la plus scrupuleuse envers ses parens, que de toutes les faveurs dont le Ciel l'avait comblée. C'est ce dont on se convaincra par la lecture de sa vie.

Nous devons maintenant exposer les sources d'où nous avons tiré ce que nous dirons dans le cours de cet ouvrage, afin d'en assurer le crédit. Nous nous sommes principalement aidé de la vie que le Père Jean-Baptiste Feuillet, de l'ordre des Frères Prêcheurs, Missionnaire Apostolique dans les Antilles, publia à Paris, à l'époque de la Béatification de la sainte Fille, et qu'il dédia à la Reine Anne d'Autriche, mère de Louis le Grand. C'est la meilleure, ou du moins la plus complète qui ait paru dans notre langue. Le travail de ce pieux et savant Religieux, devait d'autant mieux fixer notre choix, qu'il a puisé dans les sources les plus sûres, c'est-à-dire, dans la vie manuscrite de sainte Rose, que le Père Antoine Gonzalez aussi Dominicain, avait extraite des informations juridiques et des procès-verbaux et authentiques, qui furent faits dans le Pérou, par les commissaires députés du Saint Siége Apostolique, pour constater de la vie, des vertus, de la mort et des miracles de la servante de Dieu, Rose de sainte Marie, et dont les originaux conservés à Rome, y furent imprimés lors de sa Béatification. C'est sur ces mémoires que sont appuyés les divers Auteurs qui ont écrit la même vie dans les divers pays de l'Europe, qui sont cités et compilés dans le savant recueil des Actes des Saints, publié par les Bollandistes.* Ceux qui voudraient recourir à ce précieux dépôt, verront que tout ce qu'ont rapporté les divers Historiens de notre Sainte, a été soigneusement discuté par le Père Feuillet que nous avons suivi, au moins pour le fond et l'ensemble des faits qu'il rapporte. Aussi son travail fut-il avidement reçu et généralement estimé, non-seulement des pieux fidèles, mais encore des hommes les plus judicieux et les plus éclairés qui l'approuvèrent même par écrit.

Il eut été inutile de citer tous les Auteurs qui ont parlé de sainte Rose de Lima, puisque tous comme le Père Feuillet, ont recouru aux Actes du procès fait à Rome pour sa Béatification. L'extrait fidèle de ces Actes authentiques y fut imprimé par ordre du Pape à l'époque de cette solennité, et distribué à tout ce qu'il y avait de plus distingué dans tous les rangs, et envoyé en même-temps à toutes les provinces de l'ordre de saint Dominique, par son digne chef le Révérend Père Jean-Baptiste de Marinis, qui l'accompagna d'une lettre qu'on trouvera littéralement traduite du latin ci-après. C'en est assez; nous aimons à le croire pour le lecteur éclairé, nous n'eussions pas donné plus d'autorité à ce que nous venons d'exposer en citant la vie de sainte Rose, par le Père Bauzen, docte Dominicain Allemand; ni le beau pané-

* Voyez le vie de sainte Rose au 25 d'août.

gyrique de cette Sainte, prononcé devant le Pape et toute la Cour Romaine, par l'illustre Père Jean-Paul Oliva, général des Jésuites.

Notre dessein n'a pas été de faire un ouvrage d'érudition pour satisfaire la curiosité et exercer la critique des savans, nous sommes loin d'en avoir en la pensée. C'est à la piété Chrétienne que nous nous adressons, en lui présentant un modèle qui, dans sa haute perfection n'est, il est vrai, à la portée que d'un très-petit nombre d'ames privilégiées; mais qui sous plusieurs et divers rapports peut convenir à toutes. Les Auteurs des vies des Saints que l'on vénère dans le cours de l'année, ont tous suivi comme nous le Père Feuillet dans les abrégés qu'ils ont faits de la vie de la Bienheureuse Rose. Le Père Giry, ex-minime de Paris, qui a donné au public une vie des Saints très-estimée, a puisé aussi dans Feuillet ce qu'il a dit de sainte Rose, et il en a dit plus que les autres légendaires; mais plus naïf, il en a fait le modeste aveu. Au reste, l'ouvrage du Père Feuillet, est devenu extrêmement rare, et ce n'est qu'après de longues et pénibles recherches, que nous sommes parvenus à nous les procurer.

Nous eussions désiré qu'une main plus habile et plus exercée que la nôtre, eut entrepris ce travail; nous l'avons proposé à quelques personnes très-capables de remplir avec succès cette tache, mais n'ayant pu les y décider, nous avons osé nous dévouer à cette pieuse entreprise. Bien persuadé que si notre travail n'est point remarquable par l'élévation des pensées, la beauté des réflexions, la pureté et les grâces du style, il pourra du moins intéresser par la vérité des faits et l'ingénuité avec laquelle nous les exposerons. Quelque soin qu'eut mis le Père Feuillet à son travail, il avoue qu'il fut pressé de le faire imprimer pour qu'il parût à l'époque des fêtes de la Béatification, ce qui l'empêcha d'y mettre l'ordre qu'il eût désiré. Il s'attacha plus à la vérité et à l'exactitude, qu'a l'élocution. Nous nous flattons qu'étant obligé de le suivre après deux siècles de distance, avec tous les changemens qui se sont faits dans le langage et dans les mœurs, on voudra bien nous pardonner beaucoup de fautes, presque inévitables, dans une telle entreprise; aussi n'hésiterons-nous pas à dire que s'il nous a si bien servi pour le fond et l'ensemble des matières, il nous a été bien peu utile pour la forme et la manière de les présenter. Nous avons été obligé de refondre son travail, le mettre en quelque sorte au creuset, pour le debarrasser de ce qui lui était tout-à-fait étranger, et qui aurait pu blesser le goût et la délicatesse de notre siècle, sans supprimer toutefois rien d'essentiel; pas même aucun des traits qu'il rapporte, quelque minutieux, ou exagérés qu'ils paraissent. Nous nous le serions d'autant moins permis, qu'il n'a rien avancé comme nous l'avons dit, que d'après les plus graves et les plus respectables autorités.

Pour donner à notre petit labeur tout l'intérêt dont il est susceptible, nous avons placé au frontispice une effigie de l'illustre Héroïne dont nous relevons les rares vertus. Sans assurer que ce soit son vrai portrait, nous sommes autorisés à le croire, d'après l'original d'où il a été tiré, et le temps de la canonisation où il fut fait. En supposant même qu'il n'exprimât pas absolument les traits de son visage, après avoir lu sa vie, on conviendra volontiers qu'il semble exprimer la candeur et l'innocence de sa belle ame, et cette raison entr'autres, nous a porté à l'y placer; car cet ornement manquait à l'édition du Père Feuillet. Bien que nous ayons reconnu en ceci, qu'il est plus difficile qu'on ne pense, que les copies, surtout en gravures, arrivent à la perfection de l'original.

Nous avons cru devoir ajouter encore le récit des belles cérémonies qu'on fit à l'Église de saint Pierre de Rome, à la fête de sa Béatification; ce détail ne paraîtra pas un hors-d'œuvre à ceux-mêmes, qui sans avoir vu cette superbe Basilique, s'en font une juste idée.

Nous conjurerons ici cette grande Sainte de nous obtenir de Jésus son divin Époux, ainsi qu'à tous ceux qui liront son histoire, quelque participation aux vertus dont elle nous a laissé de si grands et de si touchans exemples et surtout à son Angelique pureté et à son invincible patience, que l'Eglise a formellement préconisées et qu'elle lui demande pour tous ses enfans, dans l'oraison qu'elle lui adresse le jour de sa fête, le 30 d'août.

EXTRAIT

De la lettre circulaire adressée à toutes les Maisons de son Ordre, par le Révérend Père Jean Baptiste de Marinis, général de tout l'Ordre des Frères Prêcheurs.

Est-il rien de plus merveilleux, de plus nouveau que l'apparition d'un astre lumineux dans ces lieux même où du temps de nos pères, régnait encore le prince des ténèbres? Inconnues à l'Eglise Militante, odieuses à l'Eglise Triomphante, les rives du Pérou étaient plongées dans les épaisses ténèbres de l'idolâtrie; la nuit profonde du paganisme couvrait cette terre où personne n'avait encore pénétré, et ce terrain aride ne présentait que des ronces à celui qui venait y porter la semence de la vérité; lorsque le premier entre tous, l'Ordre des Prêcheurs, franchit la barrière non sans l'avoir baignée de ses sueurs, et teinte de son sang. Dès ses premiers pas dans cette région, il ouvrit une voie large à la lumière; il y planta la foi, l'arrosa et la purifia dans les eaux du Baptême. Sous ses mains ce désert inculte, stérile, couvert de ronces, s'est changé en un vrai Paradis; et voilà maintenant qu'il vient de produire cette fleur de sainteté, dignes prémices des mœurs qui l'ont fait naître, cette *Rose de Lima* qui a mérité par sa beauté majestueuse, d'être transplantée au séjour étoilé des Bienheureux.

Assurément notre Ordre n'a jamais regretté d'avoir autrefois à Salamanque, excité l'intrépide Colomb à tenter la recherche d'un Nouveau Monde; mais n'eût-il dû jamais obtenir que cette seule Rose, le prix est si beau qu'il ne se repentira jamais d'avoir envoyé au Pérou les premiers ouvriers Evangéliques; d'avoir le premier fait briller dans cette région, le courage des Martyrs; de lui avoir donné les premiers propagateurs de la foi; d'avoir fourni à un peuple encore sans mœurs, les premiers Evêques et Archevêques, les fondateurs des Cathédrales, des Colléges, des Hôpitaux, des Écoles, des Universités, et même le premier Lieutenant du Roi dans les Indes : car il était aussi de notre communauté, ce *François Garzias de Loaysa*, qui fut ensuite Cardinal. La culture de ce champ a donc été bien dirigée et bénie du Ciel, puisque c'est par un tel fruit que la terre d'Amérique a repondu d'abord aux travaux de nos premiers ouvriers. Notre Ordre a toujours joui du droit et de la charge héréditaire, de soigner le jardin de l'auguste Mère de Dieu, et de présider aux travaux du Rosaire virginal ; il était bien juste qu'il fut réservé à ses soins de faire naître cette *Rose* destinée par un rare privilége à être l'honneur et les délices du lit Nuptial de l'Eglise céleste.

A Rome, etc. etc.....

TABLE

DES MATIÈRES DE CE LIVRE.

FIN.

Nous permettons d'imprimer l'Ouvrage sous le titre ci-dessus énoncé.

A Avignon, le 4 mai 1835.

BLASSIER, Ch. Vic. gén. cap.

LA VIE

DE

SAINTE ROSE DE LIMA,

SURNOMMÉE

DE SAINTE MARIE,

RELIGIEUSE DU TIERS-ORDRE DE SAINT DOMINIQUE, NATIVE DU PÉROU.

DÉJA l'Asie, l'Europe, et l'Afrique avaient été arrosées par le sang d'un grand nombre de Martyrs, et avaient depuis plusieurs siècles produit une multitude innombrable de Saints, tandis que les vastes régions de l'Amérique étaient encore plongées dans les plus épaisses ténèbres de la barbarie, et de l'ignorance. La lumière de la foi y fut enfin portée par un effet de la miséricorde divine, qui se servit pour l'accomplissement de ses desseins du ministère des enfans du grand saint Dominique, selon que le rapporte l'auteur que nous suivons.

Il n'est pas de notre sujet d'entrer dans la discussion des différentes opinions des savans à cet égard ; nous nous bornons à suivre notre guide, avec la confiance que nous inspire son ingénuité, et d'autant plus volontiers, qu'il n'a parlé que d'après les témoignages les plus respectables.

Tous ceux qui ont quelque connaissance de l'Histoire savent que la gloire de la découverte de l'Amérique appartient à Christophe Colomb. Mais parmi ces personnes la plupart ignorent quels obstacles cet homme intrépide eut à vaincre pour l'exécution de son projet, et quels moyen la providence lui fournit pour les surmonter. Il fallait à Colomb pour le succès de son entreprise, des hommes, des vivres et des vaisseaux. Le Père Feuillet rapporte qu'il sollicita d'abord ces secours auprès de Charles VIII Roi de France; mais ce prince occupé alors à défendre ses propres États contre des ennemis puissans, tout en admirant la hardiesse et la grandeur du projet, était loin de pouvoir y concourir efficacement. Colomb, sans se décourager, tourna ses vues et ses pas vers l'Espagne. Connaissant tout le crédit dont jouissaient à la cour les Religieux de Saint Dominique, il leur exposa tous les avantages que la Religion et l'État pourraient retirer du succès de son entreprise. Ces Religieux animés d'un saint zèle pour la gloire de Dieu, et le salut des ames approuvèrent et secondèrent de tout leur pouvoir les vues de Colomb auprès du Roi Ferdinand et d'Isabelle son épouse; cependant le démon qui craignait de voir ravir à son empire les peuples sauvages des vastes contrées de l'Amérique, mit tout en œuvre pour faire avorter les desseins de Colomb. Le

Conseil Royal de Castille, les Universités du Royaume, et d'autres personnages d'une autorité imposante consultés sur ce projet, le traitèrent de chimère et l'auteur de visionnaire; mais Dieu qui l'avait inspiré à Colomb, rendit vains tous les efforts de l'esprit infernal. Parmi les Religieux de saint Dominique se trouvait un homme puissant en œuvres et en paroles, c'était le R. P. Diégo déjà savant professeur de théologie et précepteur de l'Infant Dom Juan héritier présomptif de la couronne. S'intéressant vivement au succès de l'entreprise de Colomb, il rédigea un mémoire dans lequel il développa avec l'éloquence la plus persuasive tous les avantages qui résulteraient pour la Religion et l'État du succès de l'expédition proposée; il pria son auguste Élève de le présenter au Roi et à la Reine, et de l'appuyer auprès d'eux de tout son pouvoir.

Le Monarque et son Épouse, malgré les préventions défavorables qu'on leur avait inspirées, ne purent résister à la force entraînante des raisonnemens de l'éloquent Religieux, et sur le champ ils donnèrent l'ordre de fournir à Colomb, des vaisseaux, des équipages et tout ce qui serait nécessaire pour son expédition. Aussi, Colomb dans les transports de sa reconnaissance pour l'Ordre des Prêcheurs, avait-il coutume de dire : qu'après Dieu, les Rois catholiques étaient redevables du grand et riche Empire du Nouveau Monde au R. P. Diégo, nommé dans la suite à l'Archevêché de Séville.

La Sainte dont nous allons écrire la vie fut sans contredit le plus bel ornement de cette nouvelle Église, et l'ordre des frères Prêcheurs peut avec justice offrir au Ciel et à la terre la bienheureuse Rose, comme une fleur cultivée dans une terre arrosée du sang de ses Martyrs, et baignée des sueurs de ses Missionnaires Apostoliques.

Lima, capitale du Pérou, fut la ville où le Ciel fit éclore cette première fleur de sainteté, sur un des rameaux féconds de l'arbre merveilleux planté en Europe, par le grand saint Dominique, et transplanté dans l'Amérique méridionale, par ses enfans infatigables. Ce ne fut pas sans un dessein particulier de la divine providence, que cette belle fleur d'innocence et de pureté parut avec éclat dans cette capitale célèbre par ses richesses, par sa magnificence et son luxe. Elle voulait offrir à ses habitans, dans la vie mortifiée d'une jeune vierge, un modèle, et un antidote contre les vices et les passions qui n'ont que trop d'empire, lorsqu'on vit dans les jouissances et dans les délices de tout ce qui flatte les sens.

Si la naissance de sainte Rose ne fut pas annoncée d'avance comme celle de tant d'autres saints par des signes qui fussent le présage de sa future sainteté, elle fut au moins favorisée de grâces particulières de la bonté de Dieu envers elle, qui montraient dès ce premier moment combien cet enfant lui serait cher. Elle naquit le 20 avril de l'an 1586, de parens originaires d'Espagne, dont la fortune ne répondait ni à la noblesse de leur extraction ni à l'élévation de leurs sentimens. Son père se nommait Gaspard Florès, et sa mère Marie de l'Oliva. Cette vertueuse Dame avait été plus d'une fois en dangers de perdre la vie par les douleurs intolérables qu'elle avait souffertes dans ses autres couches. Elle fut si heureuse dans celle-ci, qu'elle enfanta sans éprouver la plus légère douleur. On observa encore dans cette fille au moment de sa naissance d'autres signes indicatifs des faveurs qu'elle recevrait un jour du Ciel, et du caractère de ses vertus. Elle fut présentée aux fonts sacrés du Baptême, par la sœur de sa mère, Dame Isabelle de Herrera, qui lui donna son nom. On voyait déjà sur la figure de cet enfant tant de beauté, de douceur et d'amabilité, qu'elle fixait l'attention, et charmait tous ceux qui la voyaient. On eut dit à voir son sourire gracieux, son air toujours serein, et ses beaux yeux qui ne laissaient jamais échapper une larme, qu'elle était née à l'abri des peines et des fâcheuses impressions qui sont le partage des autres enfans. Sa mère qui l'avait presque toujours sous les yeux, était plus que les autres frappée de tout ce qu'elle découvrait toujours d'admirable dans le naturel, et les manières de sa jeune fille, et surtout de son imperturbable tranquillité. Sa nombreuse parenté, et toutes les personnes de sa connaissance qui la visitaient, ne cessaient de la féliciter d'avoir un enfant qui portait sur tout son extérieur des marques sensibles des dons du Seigneur ; et déjà on se demandait avec étonnement, comme on le faisait autrefois du saint Précurseur, *que pensez-vous que sera cet enfant* *. Le trait suivant ne servit pas peu à confirmer et à répandre l'idée qu'on avait de sa grandeur et de sa sainteté futures.

Un jour qu'elle dormait tranquillement dans son berceau, trois mois après sa naissance, plusieurs parens de sa famille et d'autres personnes de la ville étaient venus visiter sa mère. Celle-ci voulant la leur montrer découvrit son berceau, elle fut admirablement surprise ainsi que sa nombreuse société, de voir sur le visage de sa petite fille une rose magnifique et vermeille ; ce prodige inattendu frappa d'autant plus tout le monde, que le visage de notre sainte exprimait ensuite avec la forme, tout l'éclat et la vivacité du coloris de la plus belle de ces fleurs. Dans le transport de sa joie, cette heureuse mère s'écria : *O ma chère, ô ma belle, ô mon unique Rose ;* c'en fut assez, il leur parut que ce nom était venu du Ciel, qu'il devait être consacré pour elle, on ne la nomma plus autrement. Cependant la sainte fille parvenue à l'âge de raison en eut du scrupule, croyant qu'on ne lui avait donné ce nom que pour flatter sa rare beauté, mais la

* Luc. I. v. 66.

Sainte Vierge à qui elle eut recours dans la vive inquiétude qu'elle éprouvait à ce sujet, la rassura dans une vision, lui disant que ce nom de Rose était très-agréable à son divin Fils, et pour lui marquer qu'elle en était très-aise elle-même, elle allait y ajouter le sien, et qu'elle voulait qu'elle fût dorénavant nommée Rose de Sainte Marie. Ces rares faveurs du Ciel qui signalaient son aurore, n'étaient que le prélude de celles auxquelles elle devait s'attendre le reste de sa vie, d'après les desseins que Dieu montrait avoir sur elle. Ce changement de nom dont il y a de fréquens exemples dans les divines Écritures, et qui est usité dans plusieurs ordres Religieux, était mystérieux pour notre Sainte. Le Seigneur a voulu quelquefois que ceux qu'il appelait à lui d'une manière spéciale changeassent leur nom, afin de leur montrer les vues particulières qu'il avait sur eux. Mais il ne leur a pas changé le surnom, qui marquait leur origine, et la généalogie de leur famille. Sainte Rose est l'unique peut-être à qui il a changé l'un et l'autre, selon notre auteur, pour montrer qu'elle devait vivre étrangère à toutes les choses de la terre, et mener une vie toute céleste.

Elle le comprit bien dès sa plus tendre enfance, et afin de correspondre aux bienfaits du Seigneur, elle régla sa marche dans la voie du Ciel, sur la mesure des grâces qu'elle en avait reçues. On observa que son enfance fut une vive expression de celle de sainte Catherine de Sienne, cette amante Séraphique de Jésus crucifié. A peine avait-elle trois mois, qu'on eût dit que sa raison prématurée lui montrait Dieu toujours présent dans tout ce quelle voyait, tant elle était empressée à lui plaire en tout ce qu'elle pouvait. On observa aussi alors qu'elle répandit des larmes, ce qui parut singulier et nouveau; c'était les premières qu'elle versait. On voulut en pénétrer la raison, elle fut bientôt découverte ; c'est que sa nourrice afin de la distraire de cette application où elle la voyait toujours, crut l'amuser en la conduisant dans une maison voisine. Dès qu'elle fut rentrée chez elle, les larmes cessèrent avec la cause qui les avait excitées. Dieu se plaisant à découvrir dès son plus bas âge, l'amour qu'elle aurait pour la retraite, et la fuite du monde. Ce trait de sa vie ne paraîtra pas minutieux et insignifiant aux personnes instruite des voies de Dieu, qui savent combien il est jaloux de la pureté des ames auxquelles il daigne se communiquer de bonne heure, et qui n'ignorent pas que l'innocence est une fleur si délicate, qu'il ne faut souvent qu'un souffle contagieux pour la flétrir, et que rien ne lui est plus funeste que l'air empesté du monde, surtout de nos jours.

Mais quand on ne trouverait dans le trait que nous venons de citer rien que de naturel, on conviendra après ceux dont nous allons parler, que la tranquillité qu'elle montra dans un âge si si tendre fut toute surnaturelle, et au-dessus des forces d'un enfant de trois mois. Quelqu'un de la maison lui serra le pouce dans une armoire, en la fermant avec précipitation. On s'imagine bien la douleur que dût lui causer un pareil accident, dans une partie si délicate, cependant on ne s'en fut pas apperçu, tellement elle sut la dissimuler, si sa mère ne fût accourue aussitôt. Mais cet enfant de bénédiction sans pousser le moindre soupir, ni verser une larme, lui cacha son doigt pour ne pas l'affliger; Le coup avait été trop violent pour que les suites n'en fussent pas très-fâcheuses. Le mal qu'avait souffert ce doigt froissé s'augmenta par son silence et sa retenue. Il fallut en venir aux plus rigoureuses opérations, qui démontrèrent encore mieux son héroïque constance. Les remèdes qu'on appliqua à la plaie l'irritèrent, lui firent tomber une partie de l'ongle, et dans la juste crainte de maux encore plus graves, on crut devoir l'arracher jusqu'à la racine. Les chirurgiens, entr'autres, le sieur Jean Perez, fameux dans le pays, furent obligés pour la guérir d'employer les instrumens les plus propres à la tourmenter sans qu'elle versât une larme, ni poussât le moindre soupir, ni que son visage montrât la plus légère émotion. Ce qui les força à publier qu'une telle tranquillité en pareil cas était supérieure à tous les effors de la nature, et ne pouvait être que miraculeuse. Ce n'était là toutefois que les prémices de ses douleurs.

Pour la guérir d'une tumeur qu'elle avait à l'oreille où s'était formé l'apostême, on y appliqua le fer qui ajouta la suppuration et la pourriture à la plaie; dans l'excès de sa tendresse, sa bonne mère lassée de la voir tant souffrir, voulut la panser, et par des appareils contraires à son mal, elle l'irrita au lieu de le guérir. Il se forma en outre plusieurs tumeurs à sa tête, qui se changeant en autant d'ulcères malins, lui causèrent long-temps la nuit et le jour, les plus cuisantes douleurs.

Il est impossible de rendre ce qu'éprouvaient ses parens; leur douleur devenait d'autant plus vive, qu'ils voyaient les maux de leur intéressante fille se multiplier, à mesure qu'ils multipliaient les soins et les remèdes. C'était en effet un spectacle admirable et déchirant à la fois, de voir cette jeune victime de souffrances, conserver même, dans des opérations cruelles, une constance et une douceur inaltérables. Il semblait, ainsi que l'observe l'auteur de sa vie, que sa belle ame se fortifiait et s'endurcissait au milieu des douleurs, comme le corail s'endurcit au milieu des eaux de la mer. Dieu qui l'avait choisie pour être une copie des douleurs de son Fils dans sa passion, ainsi que de la patience et de la résignation dont il nous a donné de si grands exemples, les imprimait sur le corps de cette jeune Rose, qui avec la beauté de cette fleur, en avait aussi les épines.

A peine avait-elle deux ans, qu'outre ce que j'ai dit de ses maux et de tout ce qu'on lui avait fait souffrir par les opérations et les incisions, les chirurgiens, afin de lui faire revenir une nouvelle peau, coupèrent chaque jour, durant plus de six semaines, quelques morceaux de sa chair, sans qu'elle fit jamais la moindre résistance, ni qu'elle montrât la plus légère émotion. Il lui survint ensuite un polype dans le fond du nez, qui grossit au point que pour l'arracher, on fut obligé d'employer les mêmes tortures qu'on avait déjà exercées sur cette innocente victime de la croix ; on y revint jusqu'à trois fois, et ce fut toujours de sa part la même patience et la même fermeté, le même étonnement et la même admiration de tous ceux qui la voyait souffrir avec toute la constance des martyrs ; elle eut pu leur dire, avec l'apôtre : « Je » sens de la satisfaction dans mes faiblesses et mes » afflictions pressantes, car je puis tout en celui » qui me fortifie. *» Une fille appelée à une si éminente sainteté, par celui de qui émane tout don parfait, eut-elle pu ne pas éprouver cette force divine, puisque déja elle avait connu le secret admirable de s'entretenir avec Dieu dans le fond de son cœur, par le saint exercice de l'oraison et de la méditation? elle s'y appliquait avec tant de fidélité, la nuit et le jour, qu'elle recevait de la céleste bonté, dans le fond de son âme, les plus fortes impressions, qui s'échappaient au dehors, comme des traits du feu de la divine charité, dont son cœur était embrasé.

Son jeune frère en jouant, lui jeta par mégar-

* 2. Corint. 12, ℣. 10. —— Phil. 4.

de : de la boue et des ordures sur ses beaux cheveux, qu'elle tenait propres sans art et sans recherche; au lieu de se fâcher de se voir salir, elle tourna cette indiscrétion accidentelle agréablement, pour lui donner une utile leçon, applicable non seulement aux jeunes gens, mais encore aux jeunes filles et femmes, qui mettent ordinairement tant de soins et d'artifice dans leur coiffure. Afin de le porter à l'amour de la chasteté et au mépris des soins superflus, que mettent les jeunes personnes à se bien coiffer. « Sache, dit-elle à son frère, que » les cheveux frisés et bouclés des filles et des fem- » mes sont des cordes d'enfer. C'est par ces liens fu- » nestes, que le démon lie et enchaine les cœurs et » les affections des hommes, qui s'y laissent pren- » dre et attacher, ainsi que les ames imprudentes » de celles qui les attirent et les gagnent par ces » ornemens frivoles, auxquels elles donnent tant » de soin et d'application et où elles perdent un » temps si long et si précieux. » Elle prononça ces paroles avec tant de zèle, d'un air si animé et avec tant d'onction, qu'elles firent sur le cœur de ce jeune homme, plus d'impression qu'un sermon; elles s'y gravèrent si profondément qu'elles ne s'effacèrent jamais de son esprit.

L'attrait qui la portait à Dieu était si fort, que l'application qu'elle donnait à la prière du jour, n'était pas même interrompue la nuit par le sommeil; elle y éprouvait des douceurs si délicieuses, que son cœur veillait encore, lorsque ses sens paraissaient assoupis ; elle éprouvait dans ce commerce sacré qu'elle entretenait avec Dieu, par l'oraison, ce qu'a dit le psalmiste, que, *ceux qui s'approchent de lui, seront éclairés des plus vives lumières.* * Elles étaient si abondantes à sa cinquième année, que tous ses directeurs ont attesté qu'elle eut alors l'usage libre et parfait de la raison, et qu'elle s'en servit pour s'attacher si fortement à Dieu qui l'avait prévenue par tant de grâces, que rien ne fut plus capable de l'en séparer.

CHAPITRE II.

ELLE PREND POUR PATRONNE ET POUR MODÈLE, SAINTE CATHERINE DE SIENNE.

Dans l'ardeur du feu divin qui l'embrasait, désirant se proposer un modèle dans la voie de la perfection qu'elle voulait suivre le reste de sa vie, sans sortir de l'état où elle se trouvait, elle se sentit inspirée de choisir Ste. Catherine de Sienne, qui était arrivée à la plus haute sainteté dans un état et une vie commune, en apparence comme la sienne. Le modèle était beau, il était sublime ; mais le courage de notre jeune Rose, appuyé de la grâce de son Dieu qui le lui présentait, était aussi bien

* Psaume 33.

grand : elle commença d'abord de lui renouveller l'offrande qu'elle lui avait déjà faite de se dévouer toute à son service; mais ce n'était pas assez pour une âme aussi généreuse; afin que son cœur ne fût point partagé entre le créateur et la créature, comme émule de Ste. Catherine, elle lui consacra, par un choix bien déterminé, et son cœur et son corps, pour le servir toute sa vie dans l'état de virginité, par la promesse irrévocable et comme solemnelle qu'elle lui fit, de n'avoir jamais d'autre époux sur la terre, que l'Agneau divin qui s'est immolé pour nous. Afin de marquer la stabilité de ce vœu et la fermeté de la parole qu'elle lui donnait volontairement et uniquement, ainsi que le divorce qu'elle faisait avec le monde, elle se coupa elle-même les cheveux jusqu'à la racine, comme le signe de sa consécration à son service et du retranchement de toute attache et affection aux créatures; aussi reçut-elle du Seigneur, après ce vœu admirable, les faveurs les plus rares et toutes nouvelles, qui furent comme le gage et le sceau de sa sainteté et de la gloire que Dieu lui reservait pour prix de son sacrifice et de la fidélité à l'engagement qu'elle venait de contracter. Tous ses confesseurs ont assuré qn'elle avait conservé son innocence baptismale et qu'elle n'a jamais durant le cours de sa vie, commis aucune faute mortelle. C'est que profondément pénétrée de l'importance de l'avis que nous avons vu, qu'elle avait donné à son jeune frère, avec tant d'énergie, elle évitait avec un soin scrupuleux, tout ce qui pouvait porter la plus légère atteinte à l'aimable et délicate vertu de pureté, comme on le verra dans la suite de sa vie.

Une fille déjà si éclairée de la lumière divine et si avancée dans l'amour et la pratique des plus belles et des plus solides vertus, pouvait-elle oublier et méconnaître le premier sentiment de la nature, dans les devoirs de l'amour, du respect, de l'obéissance qu'elle lui imposait à l'égard des auteurs de ses jours; son attention et son exactitude sur ce point si important au salut et au bonheur des enfans, étaient la suite et ne furent jamais séparés de l'amour et de l'empressement qu'elle avait de plaire à Dieu, qui a daigné donner lui-même l'exemple et le précepte de ce devoir sacré; devoir malheureusement trop négligé aujourd'hui des enfans et des subalternes. Ce qui relève le mérite de notre sainte, dans sa soumission envers ses parens, c'est que souvent elle se trouvait en opposition avec celle qu'elle devait à Dieu. Mais elle sut si bien accorder entr'eux, ces deux devoirs si essentiels, que sa conscience n'eut jamais aucun reproche à lui faire à cet égard; mais aussi il faut le dire, ce ne fut pas sans que ses inclinations et les plus légitimes affections, n'éprouvâssent les plus terribles assauts dont sa sagesse sortit toujours victorieuse.

Peu de filles ont uni si bien ensemble, ces deux sortes d'amour et de service de Dieu et des parents, que l'a fait Ste. Rose. Son amour pour les siens était supérieur aux plus tendres inclinations de la nature, et prouvait la sincérité et la force de son amour pour Dieu, tellement elle pliait son esprit et sa volonté à tout ce que ses parens exigeaient d'elle; il est vrai que sa mère l'aimait éperdûment, mais cet amour, comme celui de tant d'autres mères, n'était pas toujours dans l'ordre de la volonté et des desseins de Dieu sur sa fille; elle l'aimait plus pour la terre que pour le ciel. Elle ne cessait de lui répéter de conserver avec le plus grand soin, les grâces et la beauté dont la nature l'avait si fort avantagée; elle l'obligeait quelquefois mal-à-propos, d'ajouter à ses agrémens naturels, le fard et les autres compositions inventées par l'art corrupteur de plaire au monde; mais Dieu qui l'avait choisie pour être toute à lui, lui enseignait aussi intérieurement à mépriser ces vanités mondaines et cette beauté fragile, et à détester toutes les maximes de la corruption du siècle. Ces inspirations secrètes de la grâce divine, la rendaient industrieuse, de sorte qu'en exécutant les ordres de sa mère, elle remplissait adroitement la volonté de Dieu. Un jour qu'elle l'avait contrainte de mettre une guirlande de diverses fleurs sur sa tête, elle y attacha une grosse aiguille, afin qu'en pressant la couronne sur sa tête, l'aiguille s'y enfonçât et la tourmentât. Ce qui lui réussit si bien qu'il fallut le chirurgien pour l'arracher avec bien de la douleur.

Ayant pris par ce même esprit de soumission de beaux gants parfumés, Dieu, pour lui montrer que cette complaisance forcée ne lui plaisait pas, rendit aussitôt ses mains engourdies et glacées, et bientôt si brûlantes, qu'elle fut obligée de les quitter au plus tôt. Elle apperçut ensuite dans l'obscurité de la nuit des flammes qui sortaient de ces gants dont la lueur éclairait toute sa chambre. Pour éviter d'accompagner sa mère dans les fréquentes visites qu'elle faisait à ses parents, et à ses amies, elle employait des subterfuges, qui auraient été blâmables dans une autre que l'esprit de Dieu n'eût pas dirigé. Elle se frottait les sourcils, et les paupières avec du piment ou du poivre des Indes, qui étant de sa nature, âcre et brûlant, mettait ses yeux en feu et en larmes, et lui causait une cuison si violente qu'elle ne pouvait plus les ouvrir, ni soutenir de quelque temps le grand jour, préférant se priver de l'usage de la vue, plutôt que des douceurs spirituelles, que Dieu lui donnait dans sa chère retraite. Sa mère, soupçonnant cette pieuse ruse, se convainquit bientôt qu'elle se procurait ces incommodités affectées, à cause de la répugnance qu'elle avait pour les ajustemens et pour les visites. Comme elle avait d'ailleurs des sentimens religieux, elle respecta enfin le goût de sa fille, et consentit à la laisser à la maison suivre son attrait pour la vie cachée, et permit qu'elle s'habillât de la manière la plus simple et d'une étoffe la plus commune, qu'elle portait avec un indicible plaisir.

Durant les épreuves que lui fit souffrir sa mère, Rose la priait souvent les yeux baignés de larmes, d'agréer qu'elle pratiquât certaines mortifications, pour imiter la vie souffrante du Fils de Dieu, et si elle ne pouvait la fléchir, elle se soumettait; mais en obéissant, elle trouvait toujours le secret de pratiquer la mortification, comme nous l'avons déjà vu. Le trait suivant en est une nouvelle preuve.

Sa mère s'étant apperçue qu'elle avait mis des morceaux de bois dans le chevet de son lit, lui enjoignit de les ôter et de le remplir de laine, elle obéit sans répliquer; mais elle en mit tant et le bourra tellement qu'il était au moins aussi dur et aussi incommode qu'auparavant. Elle portait si loin l'obéissance, qu'elle se privait de boire si sa mère ne le lui ordonnait, et ne se mettait au travail que par son ordre exprès. Sa soumission s'étendait jusqu'à la servante de la maison, qu'elle respectait, et à laquelle elle obéissait comme à sa maîtresse en tout ce qu'elle voulait, et c'était avec une joie qui éclatait davantage, lorsque ces filles étaient plus rudes et plus difficiles par leur humeur et l'âpreté de leur caractère.

Sa mère était d'un naturel inquiet et porté à la colère. Comme elle ignorait que sa sainte fille n'aurait jamais bu un verre d'eau, pour apaiser la soif qui la brulait souvent, sans sa permission, il est arrivé qu'elle a passé une semaine sans boire. A la suite d'une grave maladie, il lui resta aux mains une forte contraction de nerfs ; pour la garantir du froid elles lui enveloppa avec des peaux d'un poil hérissé et très piquant, avec défense de les ôter ; cette victime obéissante souffrit plusieurs jours les douleurs intolérables qu'elles lui causaient, sans donner le moindre signe des ardeurs brûlantes qu'elle en éprouvait. Ces peaux lui enflammèrent les mains de telle manière, qu'il s'y forma quantité de petites vessies qui se changèrent en ulcères malins pour exercer son inaltérable patience.

Ce qui relève la soumission et l'amour qu'elle avait pour ses parents, c'est que ses vertus ont toujours été les mêmes dans toutes les circonstances et n'ont fini qu'avec sa vie. Il est difficile d'exprimer l'amour tendre, empressé, attentif qu'elle leur portait, les services de toute espèce qu'elle leur rendait, même dans ses longues maladies et ses plus grandes faiblesses, s'oubliant elle-même pour subvenir à leurs besoins. Nous avons dit que ses parents n'étaient pas dans une aisance proportionnée à leur condition, et comme on n'étouffe pas toujours les sentimens élevés et délicats qu'on tient de l'éducation et de la naissance, la pénurie dans laquelle ils étaient, perçait le cœur tendre et compatissant de leur généreuse fille, qui aurait voulu les voir dans une position honnête et conforme à leur condition. Aussi ne se donnait-elle aucun repos pour adoucir leur sort. On pourrait s'étonner qu'une famille aussi honorable en fût venu à cette épreuve dans un pays si fécond en ressources. Sans entrer dans d'autres détails, il suffira de dire que les besoins augmentent et se multiplient à proportion de l'élévation du rang, de l'âge, des infirmités, et de la peine qu'on éprouve de les confier même à l'oreille de l'amitié; qu'ils s'aggravent en se concentrant, et ne laissent aux malheureux d'autre soulagement que les consolations de la foi et les épanchemens au sein de la famille. Avec un cœur aussi sensible et aussi bon que celui de notre vertueuse fille, on sent tout ce qu'elle devait souffrir de la fâcheuse situation de ceux à qui elle devait le jour. Ce n'était pas assez pour elle de les soutenir dans leur détresse par tous les services qui étaient en son pouvoir, elle les animait encore par les exhortations les plus pathétiques à la résignation et à la patience, pour les porter à se soumettre aux décrets de la providence toujours adorable dans la conduite qu'elle tient à l'égard de ses créatures.

Pour la seconder d'une manière efficace elle travaillait, malgré ses infirmités, la moitié de la nuit, afin de les assister du produit de son travail. Elle avait une adresse admirable, un talent singulier pour tous les ouvrages des personnes de sa condition. Elle excellait dans tous les genres de broderie en usage alors; l'application qu'elle donnait aux ouvrages de couture ne laissait rien à désirer : aussi disait-on, que tout ce qui sortait de ses mains surpassait l'art et la nature, tant elle avait de goût et d'habileté. Elle dessinait avec une rare facilité, ce qui la mettait à même d'exécuter des pièces de broderie et de tapisserie, qui ravissaient les plus experts connaisseurs. Ce qu'il y avait de plus merveilleux en tout cela, c'est que son esprit étant toujours élevé en Dieu et absorbé dans la considération de ses perfections infinies, pendant qu'elle appliquait ses doigts au travail, avec une dextérité et une vitesse qui ne se concevait pas, et bien qu'elle employât chaque jour, à peu près douze heures à ses exercices spirituels et dans la communication avec Dieu, on était forcé de convenir qu'elle faisait en un seul jour, plus d'ouvrage que n'en pouvait faire en une semaine la plus diligente ouvrière.

Ce n'était pas dans les seuls ouvrages propres à son sexe, qu'elle montrait tant de savoir et d'industrie. Afin d'atteindre le but qu'elle se proposait de secourir sa famille, elle s'appliquait à tout ce qui pouvait lui en fournir les moyens; comme la femme forte, elle mettait la main aux travaux les plus rudes et les plus communs. Elle cultivait un jardin domestique, pour en retirer les ressources usuelles; elle y plantait des violettes et autres fleurs, afin de multiplier les moyens d'assister ses parens; et comme ces moyens ne suffisaient pas toujours à leurs besoins, elle ne cessait de conjurer avec gémissemens et avec larmes le Seigneur et le Dieu des pauvres d'ouvrir les yeux et les mains sur l'affliction de sa famille, comme sur tout ce qui souffrait par sa permission. Ce bon maître qui prévient les désirs de ceux qui le craignent, venait souvent au secours de la pauvreté de ses parents par des voies inattendues et même miraculeuses; ainsi qu'elle l'avoua à un grand serviteur de Dieu qui l'a attesté.

Sa piété filiale ne paraissait jamais mieux que dans les maladies et les infirmités de ses parents: on voyait alors sa charité et son cœur se dilater en quelque sorte, tant son attention et sa sollicitude étaient grandes; son assiduité, auprès d'eux, et ses soins redoublés leur faisaient répandre des larmes de joie au plus fort de leurs douleurs; elle passait les nuits entières au chevet de leur lit, ne s'en éloignant que pour préparer leurs remèdes ou pour d'autres soins; elle nettoyait leur appartement, faisait leur lit, leur rendait les services les plus difficiles et les plus bas, avec un air de satisfaction qui attendrissaient tous ceux qui la voyait, elle porta sa tendresse au-delà même de sa vie. Se voyant menacée de la mort, et prévoyant combien cette séparation accablerait sa mère de désolation et de regrets, par la privation d'une fille qu'elle aimait tant, qu'elle perdait à la fleur de l'âge et dont elle tirait tant de secours et de services, elle pria son divin époux avec instance de la consoler dans cette cruelle affliction et de la dédommager par sa grâce de la rigueur de ce sacrifice, auquel il la soumettait; ce bon père écouta favorablement la prière de sa fidèle servante, en répandant une telle plénitude de consolations, de douceurs et de joies spirituelles dans l'âme de sa mère au moment où Rose expira, et où naturellement elle devait être abimée dans la plus amère désolation, qu'elle y parût presque insensible; de plus, elle a déposé dans les procès faits pour la béatification de sa fille, qu'elle ne pouvait pas soutenir l'excès de la joie et des consolations qui s'étaient emparées de son esprit au moment de sa sainte mort, qu'il lui semblait la voir dans l'élévation de sa gloire, et qu'elle partageait avec elle les délices du paradis.

CHAPITRE III.

SA RESSEMBLANCE AVEC SAINTE CATHERINE DE SIENNE.

Ce n'était pas en spéculation seulement qu'elle avait choisi sainte Catherine de Sienne pour modèle. Ceux qui compareront les actions et la vie de ces deux illustres Vierges, trouveront entr'elles tant de conformité qu'ils douteraient si c'est l'Amérique, ou l'Italie qui a produit la première, tant la conduite de la seconde lui a été semblable. On voyait en effet dans toutes les actions de notre jeune Péruvienne, tant de rapprochement avec l'illustre Italienne, qu'on eût pris aisément l'une pour l'autre, tant leurs actions se ressemblaient. C'était dans celle-ci, deux siècles après l'autre, les mêmes inclinations, les mêmes pratiques, les mêmes faveurs du Ciel, jusqu'à la même taille et les mêmes traits de visage, qu'on admirait dans la copie, tels qu'on les avait vus et qu'on pouvait les voir dans le modèle.

Après que notre jeune Rose eût fait son vœu de virginité, et qu'elle eût coupé ses cheveux, pour marque de son renoncement au siècle, il semblait qu'elle devait se croire à l'abri de toute recherche pour l'état du mariage. Mais il arriva au contraire que la résolution inébranlable dans laquelle elle mettait tout son bonheur, excita davantage les prétentions des enfans du siècle pour en triompher. Ce qui l'exposa aux plus violens assauts de la part des prétendans à sa main, et même de la part de ses parents.

Il est vrai que la délicatesse de son esprit, la douceur de sa conversation, ses talens et sa beauté, et de plus ses rares vertus, ne justifiaient que trop les recherches qu'on faisait d'une pareille alliance.

Ce qui l'affligeait le plus dans ces occasions, c'était de voir qu'il y eut des cœurs épris d'amour pour elle, pour les vains et fragiles avantages de la beauté, et des grâces du corps. Dans la pensée qu'elles pouvaient allumer dans l'ame de ces jeunes gens le feu d'un amour profane, exciter les passions et les détourner de l'amour du Souverain Créateur, dont elle brûlait, et qu'elle eût voulu allumer dans tous les cœurs, au dépens de la vie, que ne fit-elle pas pour effacer cette rare beauté qui causait son tourment ? A quelles inventions n'eut-elle pas recours pour se rendre difforme ?

outre les jeûnes et les autres austérités continuelles qu'elle pratiquait, elle usait de certaines eaux pour se laver le visage afin de le rendre have et livide, et d'effacer ainsi la blancheur et la délicatesse de son teint. Elle lavait ses mains dans l'eau où elle elle détrempait de la chaux vive, qui lui enlevait la peau, et les couvrait de plaies, et pour n'exciter jamais de désirs criminels dans le cœur de ceux qui la verrait, elle se tenait renfermée avec tant de rigueur dans sa maison, qu'elle n'en sortait que très-rarement et dans une urgente nécessité, craignant plus encore d'être vue qu'elle ne se souciait de voir. Ayant été menée à *Canta*, qui est un bourg proche d'une des plus célèbre minières de la province, elle y passa quatre ans sans sortir de la maison où elle demeurait, se privant même de voir un jardin qui en était vis-à-vis, d'où elle aurait pu aisément apercevoir les machines prodigieuses de ces môles si renommés dans le Pérou.

Cependant malgré toutes ces précautions elle ne put empêcher que plusieurs jeunes gens, épris d'amour pour elle, ne la recherchâssent en mariage. Une dame entr'autres des plus qualifiées de la ville, voulut l'avoir pour son fils unique, héritier d'une riche succession. Elle en fit ouvertement la demande à ses parens. On se figure aisément l'accueil, que des personnes gênées comme ils étaient, devaient faire à une pareille alliance, vu les avantages qu'elle leur présentait. Il n'y eut que la sainte fille, à qui elle déplut souverainement, et qui en fut consternée. Elle s'en voulut tout le mal possible à elle-même, elle s'en prit à cette beauté fragile qui lui attirait un tel malheur ; et dans l'excès de sa douleur elle ne vit point d'autre moyen de l'éviter, qu'en déclarant hautement les sentimens qu'elle nourrissait au fond de son cœur, et la résolution où elle était de ne s'engager jamais dans le mariage, dont la pensée lui faisait horreur. Elle s'expliqua avec tant de précision, de dignité, et de fermeté en même-temps, que ses parens en furent aussi étonnés, qu'affligés. Ils ne perdirent pas toutefois l'espoir de la gagner, et ils employèrent toute sorte de moyens pour l'amener à consentir à leur volonté. Mais ce fut toujours inutilement qu'ils le tentèrent.

Il est vrai que les avantages que ce parti offrait à ces parens malheureux, étaient bien capables de leur faire désirer que leur fille cédât à leurs vœux. Cette considération, sans affecter aucunement sa constance inébranlable, ne laissa pas que de mettre sa piété filiale aux plus rudes épreuves, et lui fournit matière aux plus sublimes sacrifices, en donnant un nouvel éclat à son incorruptible pureté. Cependant ses parents se voyant déçûs sur un objet, qui dans leur triste position les intéressaient si vivement, s'irritèrent de son refus; il n'est pas d'excès qu'ils ne se permissent pour ébranler cette innocente colombe, dans sa courageuse résolution : il serait impossible de rendre le martyre qu'elle endura dans la fâcheuse alternative où elle se trouvait, de manquer à la parole libre et sacrée qu'elle avait donnée à Dieu par un vœu volontaire et sacré, ou au respect et à la déférence qu'elle devait à ses parents. Outre la justice des motifs sur lesquels elle s'appuyait, elle savait que la volonté de Dieu et le salut de son ame, devaient l'emporter sur toute autre considération, et rien ne fut capable de lui arracher son consentement. Quelque louable et légitime que fût sa résolution, il s'en fallut bien que ses parents la jugeâssent ainsi. Ils se permirent après cela de l'accabler d'outrageans reproches. Ils poussèrent la barbarie jusqu'à la battre impitoyablement. En un mot, ils traitaient cette fille toujours si douce et si aimante, comme un maître inhumain traite dans ces climats un esclave révolté. Malgré tous ces mauvais traitemens poussés jusqu'à la cruauté, cette admirable fille conservait toujours pour ses parents le même respect, et les mêmes prévenances qu'auparavant. Ce fut même un sujet de joie pour elle, de se voir persécutée pour l'honneur de son divin époux, à qui elle s'était consacrée, et d'être conforme à sainte Catherine de Sienne, qui avait enduré la même épreuve de la part de ses parents, pour un pareil sujet.

Après cette furieuse tempête qu'elle venait d'essuyer pour la défense de sa pureté, présumant avec raison, vu la détresse de sa famille, que ce pourrait bien n'être pas la dernière que le démon lui susciterait, si elle ne s'éloignait pas tout-à-fait du monde, elle résolut de s'en mettre à l'abri en se retirant dans quelque Monastère où elle serait comme dans un port assuré. On eut à peine le soupçon de sa détermination, que les plus célèbres couvents de Lima firent des vœux et des prières pour obtenir qu'elle fixât son choix sur eux. L'Archevêque, (Monseigneur Turribius) lui-même, l'engagea à choisir un couvent qu'il venait d'établir pour qu'elle en fût la pierre fondamentale par ses éminentes vertus. Notre prudente vierge prit du temps, afin de prier et d'examiner devant Dieu, ce qu'elle devait faire, pour se conformer à sa volonté dans un choix aussi important à sa tranquillité future, et à son bonheur éternel.

Après ces préalables, elle crut que s'étant proposée dès l'âge de cinq ans, d'imiter sainte Catherine de Sienne, elle devait l'imiter aussi dans l'état qu'elle avait choisi. Cependant, pour ne pas abonder dans son sens, elle consulta, et prit l'avis de plusieurs personnages recommandables par leurs vertus et leur dignité, qui lui proposaient chacun leurs sentimens sur divers ordres, selon qu'ils les estimaient, et où cependant elle ne se croyait pas appelée. Elle se décida enfin, et se disposa à entrer au couvent de l'Incarnation, où les Religieuses l'attendaient avec une sainte impatience. Mais ce n'était pas où Dieu la voulait, comme le trait suivant le prouva.

Étant allée prendre congé de la sainte Vierge qu'elle aimait plus que sa mère et prier devant son image sacrée, placée à la chapelle du saint-

Rosaire, dans l'église des Dominicains, qu'elle visitait souvent : après qu'elle y eut passé quelque temps à genoux, immobile, répandant son ame devant Dieu avec la plus grande ferveur, afin d'obtenir sa bénédiction et celle de sa sainte Mère, comme elle voulut se retirer après sa prière, il lui fut impossible de se dresser sur ses pieds, quelque effort qu'elle fît; elle appèlla son frère qui l'avait accompagnée, celui-ci s'efforça de la relever, et tout aussi inutilement; elle était ainsi aux pieds de l'autel immobile comme un roc, elle implora àlors le secours du ciel, bien résolue de ne pas aller plus loin, si telle était la volonté du Seigneur et de ne plus penser à ce couvent s'il ne l'avait pas agréable. Dès l'instant qu'elle eut formé cette résolution, l'obstacle fut levé, elle se dressa sans aucune peine et sortit de la chapelle et de l'église aussi libre qu'auparavant. Après ce signe et d'autres encore qui la confirmèrent dans la pensée qu'elle avait depuis son enfance de servir Dieu dans la même profession du tiers ordre de saint Dominique, comme avait fait sainte Catherine de Sienne, sans raisonner d'avantage sur sa vocation, ni attendre de plus amples lumières, elle se décida à embrasser ce tiers-ordre. (2) Elle y fut admise

(2) C'est une congrégation établie par ce grand homme, l'apôtre du treizième siècle, et dont le but est de faciliter aux personnes des deux sexes qui s'y engagent sans renoncer toute fois au monde, ni abandonner leurs maisons, les moyens de se sanctifier dans leurs conditions respectives,

et en reçut solemnellement l'habit le 10 du mois d'août de l'an 1606, elle avait environ 20 ans. On ne peut exprimer la joie qu'elle ressentit de se voir dépouillée des habits du siècle, qui quelques simples et modestes qu'ils fussent n'annonçaient pas le renoncement qu'elle y avait fait déjà depuis l'âge de cinq ans.

La joie qu'elle goûtait sous ce nouvel habit pauvre et pénitent, l'excitait toujours mieux à la pra-

en gardant certaines règles qu'il leur a prescrites et que l'église a approuvées, à la faveur desquelles elles peuvent en vaquant aux devoirs de leurs professions, parvenir par l'exercice des vertus chrétiennes à la perfection évangélique. Bien qu'il n'y ait pas d'obligation de porter un habit particulier, il est recommandé aux associés de fuir le luxe et la vanité et de se conformer autant que possible dans leurs habits, à la modestie et simplicité des religieux de l'ordre auquel ils appartiennent, au moins quant à la matière et à la couleur. Il est arrivé depuis son établissement surtout en Italie et en Espagne, que plusieurs filles et veuves qui ont embrassé ce tiers ordre, en vivant comme recluses dans leurs maisons, n'en sortant que pour aller à l'église, ou pour visiter et servir les malades, ont porté l'habit de religieuses de l'ordre ainsi que sainte Catherine de Sienne et ensuite notre sainte Rose et tant d'autres; dans les pays où cet usage était reçu, on n'y voyait rien de singulier. On appellait ces filles, qui souvent par infirmités, ou autres justes raisons, ne pouvaient être reçues dans les monastères, (Monache di casa) Religieuses de leur maison, sans doute parce qu'elles offraient au milieu du monde le spectacle des vertus qui font l'essence de la profession monastique.

tique de ces vertus et de toutes les autres qu'avait pratiquées dans cette sainte milice, la sainte qu'elle avait choisie pour modèle, mais elle fut de courte durée, par les combats qui furent livrés à son humilité; à peine était-elle sortie victorieuse de ceux que le monde avait dirigés contre sa pureté, qu'elle fut exposée de nouveau à une autre bourrasque, qui l'agita dans le port où elle paraissait devoir être plus tranquille. On n'ignorait pas dans la ville avec quelle générosité elle avait repoussé tant d'offres avantageuses qu'on lui avait faites, pour l'engager dans le monde; dès qu'on sut le parti qu'elle avait pris et qu'elle parut sous l'habit religieux de saint Dominique, cette démarche fut le sujet des entretiens et des applaudissemens de toute la ville; ses vertus perçaient à travers le voile dont elle les couvrait et lui attiraient l'estime et les louanges qu'elle méritait; c'en était trop pour alarmer sa modestie et son humilité; elle qui n'ambitionnait que l'abjection et le mépris et qui ne s'était dépouillée des livrées du siècle qu'afin d'en être oubliée. Quoiqu'elle ne sortît de sa maison que pour aller à l'église, qui en était peu distante, on s'arrêtait pour la voir et l'admirer, lui donner des marques flatteuses du respect dont on était justement pénétré, et qu'elle commandait d'autant mieux, qu'elle s'en croyait indigne et le fuyait de tout son pouvoir.

Ces honneurs et cette admiration générale qu'elle ne pouvait pas se dissimuler, parce qu'on ne les lui dissimulait pas, l'effrayèrent et la mirent dans une étrange anxiété, surtout lorsque plus d'une fois elle entendit plusieurs personnes préoccupées de la haute estime qu'on avait pour elle, ne pas se gêner en sa présence de la comparer à sainte Catherine de Sienne, dont elle se croyait si éloignée, et surtout lorsqu'un de ses directeurs s'échappa à dire qu'on voyait en elle la forme et tous les traits du visage, que les peintres ont exprimés dans les portraits de cette sainte. Les peines qu'elle éprouvait au fond de son ame, de tous ces eloges, la firent résoudre à quitter cet habit dont elle s'estimait indigne, puisqu'il faisait une telle illusion.; mais comme elle l'avait acheté par tant de larmes et de soupirs, avant d'exécuter sa pensée elle recourut à celle qui était son plus doux refuge dans toutes ses tribulations, elle fut se prosterner devant l'autel de notre Dame du Rosaire, la conjurant de lui inspirer ce qu'elle devait faire pour plaire à son Fils; dès le commencement de son oraison elle s'évanouit doucement, ceux qui étaient à ses côtés se doutèrent qu'elle éprouvait quelque ravissement et l'ayant observée attentivement, ils remarquèrent que son visage changea tout à coup de couleur; d'abord il devint pâle, il parut après tout en feu et si lumineux, qu'il en ressortait quantité de rayons de lumière. Étant revenue de cette extase, elle témoigna par des paroles animées d'un feu divin, qui partaient de l'abondance dont son cœur était rempli, que Dieu avait approuvé et confirmé son entrée dans ce saint ordre et qu'elle devait y persévérer malgré tous les effors de l'enfer.

CHAPITRE IV.

SA PROFONDE HUMILITÉ ET SON INCOMPARABLE PURETÉ.

Ces graces et ces faveurs réiterées que le Seigneur se plaisait à répandre dans son ame, la soutenaient au milieu de tant de peines intérieures et extérieures qu'elle endurait pour son amour; son humilité les mettait toutes en assurance et lui en méritait toujours de plus grandes, et de plus distinguées. L'humilité était la gardienne de tous les dons qu'elle avait reçus du Seigneur avec tant d'abondance : les vertus qu'elle a pratiquées ressortaient toutes de celle-ci, comme la fleur de sa tige. Si elle a porté si haut l'édifice de sa perfection: c'est, comme l'a dit un saintPère, qu'elle en avait creusé bien avant les fondemens, dans l'anéantissement et le mépris d'elle même et de tout ce qui pouvait la flatter. On a remarqué toujours, dans tout ce qu'elle faisait ou entreprenait, qu'elle ne cherchait rien avec tant d'empressement et de soin, que de s'abaisser et de s'anéantir. C'était, disait-on, parmi ceux qui la connaissaient, la trempe de son esprit et son inclination dominante; peu satisfaite de s'employer à tout ce qu'il y avait de plus bas au service de la maison; dans cette basse estime qu'elle avait d'elle-même, elle se croyait au dessous de la servante et on l'a vue se prosterner aux pieds d'une pauvre fille des champs, gagée pour servir ses parents, la prier avec instance et avec larmes de la fouler à ses pieds. *Marianne* lui disait notre Rose, si fort au dessus d'elle à tant de titres, *Marianne*, *croyez bien qu'il n'y a pas de créature sur la terre, plus vile et plus méprisable que moi;* on sent toute l'impression qu'un tel aveu devait produire.

Ce n'était pas au reste une vaine ostentation d'humilité; cette vertu avait jetté dans son cœur les plus profondes racines; elle paraissait manifestement, lorsqu'elle était maltraitée de coups et de paroles les plus dures, à l'occasion de la vie retirée et austère qu'elle menait; elle ne pouvait alors concentrer toujours la joie qui inondait sa belle ame en se voyant digne, comme les Apôtres, d'endurer des opprobres pour le nom de Jésus. Toutes les fois qu'on s'avisait de la louer en sa présence, elle se taisait, par l'effet de sa vraie et sincère humilité, mais elle avait trouvé le moyen de repousser ces éloges par les douleurs qu'elle se procurait, en s'enfonçant la couronne d'épines qu'elle portait cachée sous son voile. Durant les trois dernières années de sa vie qu'elle passa dans la maison du receveur du fisc royal, homme de haute vertu, qui s'estimait honoré de la posséder, elle lui demandait souvent à genoux, les moindres cho ses comme une pauvre misérable et jusqu'à un verre d'eau pour l'amour de Dieu, pour étancher la soif qui la brûlait, lui rappelant la récompense qu'a attachée à ce léger service celui pour l'amour duquel elle le lui demandait.

Elle cachait adroitement la plûpart de ses indispositions pour éviter de paraître devant les médecins et ne pas être dispensée de ses exercices de pénitence, en prenant des soulagemens et des remèdes, et lorsqu'elle était obligée de déclarer les douleurs intolérables qu'elle endurait dans tout le corps, c'était pour passer dans l'esprit de ceux à qui elle s'en ouvrait confidemment, pour une pécheresse abominable, que Dieu punissait dans sa colère à cause des crimes dont elle s'était rendue coupable. Dans cette idée qu'elle avait d'elle même, elle s'étonnait de ce qu'il ne l'engloutissait pas dans ses abîmes ; elle était si intimement convaincue de ses offenses et de ses tors envers Dieu, qu'elle poussait des sanglots perçans et répandait des torrens de larmes amères de la contrition la plus vive, aux pieds de ses confesseurs, qui en étaient singulièrement touchés, et l'auraient prise pour une fille chargée de crimes s'ils ne l'avaient si bien connue, au point qu'ils étaient embarrassés après toutes ses accusations, faites avec tant de larmes pour trouver matière à l'absolution. Maîtresse absolue de tous ses sens, elle vivait dans une si grande retenue qu'elle ne proférait jamais une parole plus haute que l'autre, ni qui parût blâmer la conduite ou les actions de qui que ce fût; jamais elle ne laissait appercevoir rien qui pût rebuter ou attrister aucun de ceux avec qui la charité l'obligeait de traiter. Son humeur douce et toujours égale la rendait si aimable, qu'elle paraissait comme le maître divin dont elle prenait les leçons, qui a dit par ses prophêtes: Ceux qui me mangent auront encore faim, et ceux qui me boivent auront encore soif de mes paroles et de ma conversation; ce qui paraissait si bien dans notre sainte, qu'on disait d'elle que c'était fort mal à propos qu'on lui avait donné le nom de Rose, puisque, si elle en avait la beauté et l'éclat, elle n'avait pas les épines qui la rendent fâcheuse.

Sa charité envers le prochain était si forte et si étendue qu'on pouvait assurer qu'elle avait dilaté son cœur; elle était l'ame de sa vie, et de toutes ses actions. Comme cette reine des vertus en embrasse deux qui en sont l'essence et qui renferment toute la loi, Dieu et le prochain, étaient comme sa devise. Son amour pour Dieu la rendait comme insensible à tous les objets de la terre; elle l'était surtout aux plaisirs des sens, qui détournent tant d'âmes de l'amour qu'elles doivent à Dieu. Interrogée un jour si parmi les délices et les consolations que Dieu répandait dans son ame, elle ne trouvait pas que son cœur conservât quelque attache aux choses du monde, elle avoua franchement qu'il lui était impossible d'y penser et d'y prendre la moindre satisfaction; par ce dégagement absolu des créatures, elle arriva à une pureté angélique; durant trente ans qu'elle a vécu elle n'a jamais commis en matière de pureté une seule faute venielle, et ce qui est encore plus extraordinaire et paraît tenir du miracle, c'est qu'elle n'a jamais été tourmentée de sales pensées dont les ames les plus chéries et les plus favorisées du ciel, n'ont pas toujours été exemptes. C'est le témoignage qu'en ont rendu juridiquement et avec serment, onze savans et vertueux directeurs qui avaient entendu plusieurs fois ses confessions générales, dont six étaient de l'ordre de saint Dominique et cinq jésuites. Il faut dire que cet amour ardent pour la croix et la mortification, ne servit pas peu à lui obtenir et à fortifier davantage cette admirable pureté.

Après qu'elle eut terni le lustre et la beauté de son visage par tous les moyens que nous lui avons vu employer, elle affaiblit tellement son corps par les jeûnes et les autres macérations, et la quantité prodigieuse d'eau froide qu'elle y versait dessus, que peu s'en fallût qu'elle n'en éteignît la chaleur naturelle, ce qui faisait qu'en la voyant si pâle et si exténuée on l'eut prise pour un de ces anachorètes qui ont illustré les déserts de la Thébaïde, et qu'on se sentait pénétré d'une plus grande vénération pour elle dans toute la ville de Lima.

Si ces austérités lui étaient douces dans l'amour ardent de son Sauveur qui les lui inspirait, cette estime et cette vénération populaire lui étaient devenus insupportables. Ne voulant être connue que de Dieu et ne plaire qu'à lui seul, elle eut encore recours à lui par l'oraison, le priant de faire cesser au moins les applaudissemens qu'on donnait à sa mortification, à cause des marques qui en paraissaient sur son visage; elle fut de suite exaucée; ses yeux et son visage reprirent la même vivacité qu'auparavant, de sorte qu'en retournant de l'église à l'heure de midi, le jour du vendredi saint où son jeûne était plus rigoureux, quelques jeunes libertins, frappés de son embonpoint et de ses belles couleurs, l'insultèrent par des railleries d'autant plus coupables, qu'elles étaient fausses, puisqu'elle avait jeûné tout le carême au pain et à l'eau, et qu'elle venait de passer trente heures à genoux, en prières et en larmes, dans l'église de saint Dominique; au lieu de se plaindre de ce mépris, elle s'en réjouit, et en remercia Dieu, comme d'une grande faveur.

Son attention était bien plus grande encore à cacher les grâces et les faveurs que le Seigneur répandait abondamment dans son ame. Dans la crainte qu'on les découvrit, outre toutes les précautions qu'elle prenait pour qu'elles restassent toujours ignorées, elle avait conjuré dès son plus bas âge son divin époux, de ne pas permettre qu'elles parussent jamais au dehors. Ce bon maître l'exauça encore en ceci, et ce qu'on en a connu ne l'a été que par les ordres réitérés que ses confesseurs lui donnèrent de le déclarer; ne disant précisement que ce qu'elle ne pouvait cacher. Il arrivait quelquefois cependant, que les moindres faveurs étaient soumises à cet aveu, comme on le verra dans le trait suivant, qui quoique peu essentiel, quant à son objet, prouvera toujours mieux le soin qu'elle avait de cacher ses pratiques de pénitence, et la bonté divine, qui comme l'a remarqué le psalmiste se plaît à satisfaire les désirs de ceux qui le craignent, se rendait propice à ceux de sa servante par des moyens surprenans. Allant un jour à l'église elle oublia sur sa table la discipline dont elle déchirait son corps, sa chambre n'était pas fermée à clef; se rappellant cet oubli en commençant sa prière, elle eut une forte appréhension que cet instrument qui lui était si cher, ne fût apperçu de quelqu'un de la maison; dans cette inquiétude, elle s'adressa à la très-sainte Vierge, la suppliant de le cacher dans un coin de sa chambre qu'elle désigna dans sa pensée et où elle estimait qu'on ne le verrait pas; retournant à la maison et ne trouvant plus sa discipline à la place où elle l'avait laissée, elle vit non sans admiration, que cette reine du Ciel lui avait obtenu de son divin Fils l'accomplissement de ses vœux et de ses désirs, et l'avait renfermée dans la place même, qu'elle avait désignée dans sa pensée en s'adressant à la sainte Vierge.

CHAPITRE V.

SES AUSTÉRITÉS ET LES DIVERSES MACÉRATIONS DONT ELLE AFFLIGEAIT SON CORPS.

L'AMOUR de la Croix, selon le grand Apôtre, est la marque des élus: puisque nous n'avons été appelés que pour être conformes à l'image de Jésus-Christ, qui n'a voulu entrer dans sa gloire, que par les travaux et les douleurs. Tous les vrais Disciples de ce Dieu crucifié, ayant connu cette vérité fondamentale, ont regardé les peines et les afflictions comme des marques certaines de son amour pour eux, comme des faveurs de sa bonté paternelle. Ces enfans de prédilection se sont donc toujours efforcés de ressembler à leur Maître, en imprimant sur leurs membres les caractères douloureux de sa passion et de ses plaies. Sainte Rose, instruite de bonne heure à l'école de ce Dieu Rédempteur, regarda toujours la Croix et les souffrances, comme son plus précieux trésor, comme sa plus belle couronne sur la terre, et comme le gage assuré de sa prédestination à l'union éternelle avec ce Dieu qu'elle avait choisi pour son unique partage, et pour l'objet de toutes les affections de son cœur. Comme elle savait que l'époux à qui elle s'était dévouée était un époux de sang, qui ne nous a acquis à son Père que par les épines, et les cloux qui l'ont attaché à la Croix, elle ne crut pas pouvoir mieux lui témoigner l'amour séraphique dont son cœur brûlait pour lui, qu'en partageant ses douleurs, et lui devenant semblable dans les tourmens de sa passion.

Cet amour des souffrances et de la Croix était si ardent dans cette généreuse fille, qu'on ne sait ce qu'on doit admirer le plus en elle, de son angélique pureté, ou de ses prodigieuses austérités. A l'exemple de son modèle, sainte Catherine de Sienne, elle s'est procurée toutes les amertumes de la Passion de son Sauveur, et on peut assurer que toutes les rigueurs du Calvaire ont été sa nourriture ordinaire, et l'eau délicieuse dont elle tempérait l'ardeur du feu sacré qui la consumait. Avant d'entrer dans le récit de tout ce qu'elle a fait pour tourmenter son corps, nous devons prévenir le lecteur, qu'en lisant tout ce que les actes des procédures dressées pour sa Canonisation, rapportent de ses terribles pénitences, on douterait de la vérité des faits qu'on raconte, ou qu'on croirait du moins qu'ils sont fort exagérés, si on ne les jugeait pas d'après l'impulsion des motifs qui l'animait; on blâmerait sa conduite en cela, on l'accuserait d'être tombée dans les excès d'une piété mal entendue, que Dieu réprouve. Car comment accorder cet amour si ardent pour la pénitence avec l'innocence d'une ame qui paraissait être exempte même de ces funestes inclinations qui nous portent au mal, effet de notre nature corrompue ; aussi sommes-nous bien éloignés de la donner pour règle commune dans la pratique de son étonnante mortification. Si elle a été si loin en cela, c'est qu'elle se regardait par suite de son mépris, de sa haine pour elle-même, comme la plus coupable des créatures, et la plus ingrate, eu égard aux grâces abondantes qu'elle recevait de Dieu, et dans la force de son amour pour lui, elle aurait voulu s'immoler à sa divine justice, non-seulement pour les torts qu'elle croyait avoir à se reprocher, mais aussi, en réparation de l'insensibilité et des crimes des mauvais chrétiens qu'elle aurait voulu sauver et gagner à Dieu au prix de tout son sang.

Ce fut dès son enfance que commença cette cruelle guerre contre son corps. Dès lors elle s'abstint de manger de tous les fruits qui sont si excellens et si abondans au Pérou. Elle commença à l'âge de dix ans à jeûner au pain et à l'eau trois jours de la semaine. Elle mangeait d'ailleurs si peu, qu'on peut dire qu'elle jeûnait toujours, puisqu'en vingt-quatre heures elle ne faisait qu'un seul repas, consistant en un morceau de pain bis et un peu d'eau. Pendant tout le Carême elle ajoutait encore à la rigueur de son jeûne en se privant de l'usage du pain, se contentant de quelques pépins d'orange qu'elle réduisait à cinq seulement, tous les vendredis de la sainte quarantaine. On l'a vue se contenter d'un seul pain et d'un pot d'eau pendant cinquante jours. Une autre fois elle demeura sept semaines entières sans boire, malgré les chaleurs du pays qui sont insupportables. A la fin de sa vie, elle a passé assez souvent plusieurs jours sans boire ni manger. A l'âge de quinze ans elle fit vœu de ne jamais manger de viande, si elle n'y était contrainte par ceux qui avaient autorité sur elle. Ce qui montre, qu'elle n'était point attachée à ses goûts, à ses propres lumières ni à ses pratiques de dévotion et de pénitences, pas même à celles qui lui auraient paru être les plus conformes aux desseins de Dieu sur elle. Ce qui prouve encore combien sa piété était éclairée et solide ; car, quelque portée qu'elle fût à ces pratiques si rigoureuses, elle était prête à les abandonner au moindre signe de ceux à qui elle croyait ne pouvoir désobéir sans péché.

Comme elle ne les avait embrassées, et ne les soutenait qu'autant qu'elle connaissait que ces mortifications étaient dans l'ordre des desseins de Dieu sur elle, ce bon Maître se plaisait aussi à les approuver et justifier par des marques sensibles de sa volonté. Aussi a-t-on observé par diverses expériences, que lorsque pour obéir aux ordres qu'on lui donnait de s'en désister, les douleurs de poitrine et la fièvre qu'elles excitaient, et que son obéissance lui faisait éprouver, la réduisaient à l'extrémité, le meilleur et l'unique remède pour la soulager et la guérir, était de lui donner un morceau de pain bis détrempé dans l'eau. Sa mère qui n'était pas si éclairée qu'elle dans les voies de Dieu, ne pouvait pas pénétrer dans son intérieur, ne la jugeant au-dehors que par les yeux de la chair et du sang, en voyant son visage si pâle et si exténué, blâmait sa conduite, et la faisait plus souffrir par sa sévérité et ses reproches, que tous ses autres maux ; car elle voulait lui persuader qu'elle était dans l'erreur, et ne cessait de lui répéter qu'au lieu de plaire à Dieu en se refusant les alimens nécessaires, elle péchait mortellement, et qu'elle était homicide d'elle-même. Cette innocente victime de la Croix, convaincue de la pureté et de la droiture de ses motifs, souffrait tout sans se plaindre ; ayant appris des Apôtres que lorsque Dieu parle et fait paraître sa volonté par des marques non équivoques, il faut lui obéir de préférence aux hommes.

Afin de l'empêcher de continuer ce genre de vie, sa mère l'obligeait de se mettre à table avec les autres, mais notre industrieuse pénitente trouvait le moyen d'en prévenir les satisfactions en mêlant à tout ce qu'elle mangeait de l'absinthe et d'autres herbes sauvages, qu'elle cueillait dans les champs ou qu'elle cultivait dans la maison, afin de les avoir à sa disposition. Elle avait aussi un vase plein de fiel de mouton, dont elle arrosait ce qu'elle mangeait et dont elle se lavait la bouche tous les matins, en mémoire de celui dont le Sauveur a été abreuvé. Une bonne servante qui connaissait son goût pour la pénitence, afin de la contenter, lui préparait une espèce de gâteau fait avec la croute d'un pain très-grossier, et dont le fond et la garniture, était une poignée des herbes les plus amères de la forêt, ce qui le rendait si désagréable, et d'un si mauvais goût, qu'elle trouvait une espèce de supplice à cette même table où on l'obligeait de s'asseoir, pour y trouver comme les autres sa satisfaction. Un de ses mets les plus délicieux, était une salade de feuilles de grénadille, plante rampante, dont la fleur représente les divers instrumens de la passion, et dont l'amertume en exprime mieux encore les douloureuses impressions. De sorte qu'on ignore si elle ne souffrait pas davantage en mangeant qu'en se privant de manger. Outre tous ces jeûnes dont nous venons de parler, elle observait rigoureusement ceux qui sont prescrits dans l'Ordre de saint Dominique, depuis l'exaltation de la sainte Croix jusqu'à Pâques.

Le jeudi, c'était une de ses pratiques ordinaires de s'enfermer dans son oratoire, où elle demeurait sans prendre aucune espèce d'aliment et sans dormir jusqu'au samedi. Là, toute absorbée en Dieu, dans une sorte d'extase et de ravissement elle se trouvait dans l'impuissance de se lever du lieu où elle faisait sa prière à genoux. Elle fut une fois jusqu'à huit jours sans autre aliment que le pain des Anges, qu'elle recevait dans la divine Eucharistie. C'est un fait à remarquer, que cette rigoureuse abstinence qui paraît être au-dessus des forces ordinaires de la nature, était, quoi qu'elle fît pour la cacher, connue de tous les habitans de Lima. Quand la nécessité l'obligeait de prendre un peu d'eau pour rafraichir l'ardeur de ses entrailles embrasées, elle en buvait de chaude afin de mortifier sa sensualité. Tout le monde était convaincu et publiait qu'une vie si extraordinaire et si austère ne pouvait se soutenir, sans des grâces puissantes du Seigneur. Aussi la regardait-on comme miraculeuse. Et ce qui est bien fait pour confirmer cette opinion générale, c'est ce qui nous reste à dire de ses autres macérations vraiment effrayantes.

CHAPITRE VI.

SUITE DE SES PÉNITENCES.

Il est en effet difficile de concevoir, qu'un corps épuisé, et accablé de tant de jeûnes, si longs et si rigoureux, auxquels elle ajoutait tant d'autres privations, ait pu sans un secours et une force miraculeuse, soutenir toutes les autres rigueurs, que son amour de la croix lui inspirait et que l'esprit du Seigneur, qui est un esprit de force, autorisa en elle, afin de prouver dans la faiblesse d'une fille délicate, la vérité de cet oracle: *que Dieu a choisi les faibles selon le monde, pour confondre les forts et les puissans.*

L'usage de la discipline, que la ferveur des saints pénitens a introduit et autorisé parmi les chrétiens des premiers siècles de l'église, fut très familier à notre sainte. Dans la vue de participer et de s'unir à la cruelle flagellation de notre Sauveur, déchiré par une grêle de coups de verges, elle se frappait toutes les nuits avec tant de cruauté, qu'elle aurait dû succomber à la rigueur de cet exercice, si Dieu ne l'eut soutenue. Depuis qu'elle eut embrassé la règle du tiers ordre de saint Dominique, elle ne se contenta plus de la discipline commune, faite de cordes, qui lui paraissait trop douce, elle s'en fit une de deux chaines de fer, avec laquelle elle faisait jaillir de son corps, tant de sang, que les murailles et le pavé de sa chambre en étaient couverts ; cet exercice était si rigoureux et si prolongé, surtout lorsqu'elle le faisait pour la conversion des pécheurs, que son corps délicat n'était plus qu'une seule plaie, et comme c'était l'exercice de tous les jours, il est étonnant qu'elle pût trouver place à de nouvelles plaies, et qu'elle eût encore assez de forces pour le réitérer. Son confesseur l'ayant appris lui défendit de se servir de ce cruel insrument : elle obéit, mais elle le changea en une autre espèce de martyre. Elle se fit de cette chaîne de fer une ceinture à trois rangs, qu'elle serra si fort sur ses reins, qu'elle lui entra bien avant dans la chair, de sorte qu'elle ne put ensuite la retirer qu'avec une extrême douleur, et une grande effusion de sang.

Voulant comme le grand Apôtre, retracer sur son corps les douleurs et les plaies de son divin maître, et y accomplir ce qui manque à ses souffrances, dans son ardeur insatiable de tourmens, elle se fit fort jeune encore, une couronne d'étain qu'elle garnit au dedans d'une quantité de petits clous pointus, et la porta sur sa tête plusieurs années en mémoire de la couronne d'épines du Sauveur. Cette pénible couronne ne fut que l'essai d'une autre bien plus terrible, qui exerça son amour et sa patience les dix dernières années de sa vie. Elle la forma d'une lame d'argent de la longueur d'environ trois doigts, dans laquelle elle ficha trois rangs de pointes de fer très-aiguës; chacun de ses rangs avait trente trois pointes, en l'honneur des trente trois années qu'a vécu sur ta terre le fils de Dieu, ce qui faisait en tout quatre vingt dix neuf pointes. Elle la porta généreusement jusqu'à la mort et avec des douleurs si sensibles, qu'on peut plutôt les concevoir que les exprimer; elle l'avait faite avec tant d'industrie, que les pointes n'étant pas égales, n'entraient pas à la fois dans sa tête, mais elles suivaient les divers mouvemens, qu'elle faisait de sorte que lorsqu'elle toussait ou éternuait, ces épines de fer s'enfonçaient dans son crâne et les douleurs étaient si excessives qu'elle en perdait la parole et presque la vie.

* Collos. chap. 1, 24.

Mais ce n'est pas encore là le seul le tourment qu'elle souffrait, elle avait attaché à ce cercle affreux des cordons aux deux extrémités afin de souffrir davantage en les serrant étroitement, ce qu'elle pratiquait surtout le vendredi, qu'elle consacrait à des pénitences particulières. Elle le faisait descendre presque sur le front, et comme elle le changeait souvent de place, les oreilles et toutes les parties de sa tête étaient percées et couvertes de plaies : elle endurait ce tourment avec d'autant plus de joie dans son ame, que personne dans la maison ne se doutait de cette sainte cruauté, et on l'eut ignorée de son vivant, si le trait suivant ne l'eût dévoilée. Ayant voulu retirer un de ses frères des mains de son père qui le corrigeait avec trop de rigueur, celui-ci en la repoussant porta dans sa colère ses mains si rudement sur cette horrible couronne hérissée de tant d'épines, que le sang qui en ruissela, lui couvrit de suite le visage et tous les habits. Ce qui fit connaître à toute la famille ses grandes austérités, et la rare vertu qui savait si bien les cacher.

Il semble d'après tout ce que nous venons de dire, qu'on ne peut pas porter plus loin l'amour des souffrances. Mais cette prodigieuse amante de la croix regardant son corps comme l'instrument et le siège du péché, et par cette raison comme l'ennemi de Dieu, sut bien trouver encore d'autres moyens pour le punir, et satisfaire à la peine due au péché. Elle était habile pour obtenir de ses confesseurs par les plus touchantes prières la liberté de se crucifier par de nouvelles douleurs. Outre ce qu'elle souffrait de ses cruelles disciplines, elle obtint une fois de s'en donner cinq mille coups dans l'espace de trois jours, dans l'ardeur dont elle brûlait pour le salut des ames, et surtout des pécheurs. Il n'est pas de tourmens qu'elle n'eût endurés, pour les ramener à Dieu, et tout ce que sa charité faisait à cette fin pour ces ames insensibles et ingrates, paraissait ajouter encore à sa ferveur et à son amour habituel. Après avoir ôté de ses reins, avec tant de douleurs et de plaies, la chaîne dont elle les avait serrés, elle la remit encore quelque tems après, mais elle fut obligée de la retirer de nouveau par ordre de son confesseur, ce qui ne fut pas sans de plus grandes souffrances, et encore plus de sang, elle ne put même y réussir tant elle avait pénétré dans la chair, il fallut qu'elle s'adressât à Dieu pour en venir à bout, elle fut de suite exaucée. La chaîne se brisa par morceaux, mais en les arrachant le sang qu'elle perdit et les douleurs affreuses qu'elle souffrit la jettèrent dans une extrême faiblesse; mais son ardeur pour les souffrances n'en fut pas ralentie, elle pouvait dire avec l'apôtre : quand je suis faible, c'est alors que je suis forte. Il y paraissait bien dans les inventions toujours renaissantes de ses nouvelles mortifications. Afin de souffrir toujours davantage elle frottait les parties les plus sensibles de son corps avec de piquantes orties, elle serrait le haut de ses bras avec de fortes cordes, et toutes les fois que le démon l'attaquait par quelque tentation, ce qui arrivait très-souvent, elle resserrait ces cordes, elle pressait fortement la couronne de sa tête et par cet artifice douloureux elle en était toujours victorieuse. Ce qui prouve comme nous l'avons dit, que loin d'être trompée et séduite par le tentateur, dans son ardeur pour ces pratiques si rigoureuses de pénitences elle était saintement inspirée, et n'agissait que d'après l'impulsion de la divine volonté qui l'avait choisie pour la victime de son amour, et la donner en spectacle au monde sensuel.

Quand on lit tout ce que les actes juridiques de sa canonisation rapportent à ce sujet, on est forcé de convenir que presque tout ce qu'elle a fait, est surnaturel et miraculeux. Car on ne trouve rien, ou presque rien de semblable dans l'histoire des autres saints, de sorte qu'elle avait réuni et pratiqué elle seule, tout ce que ces autres généreux pénitens ont exercé d'austérités partiellement. Elle avait à peine cinq ans, que, dans cet esprit, elle portait d'un lieu à un autre de grosses pierres, et des troncs d'arbres avec beaucoup de fatigue. Elle avait mis la servante de la maison dans la confidence de plusieurs de ces pratiques. Elle l'obligeait à lui jetter dessus des poignées de cailloux, lorsqu'elle priait à genoux au fond du jardin, ce que celle-ci, simple, et trop obligeante faisait si généreusement, qu'elle en était renversée et à demi-morte. A quatorze ans, elle sortait la nuit lorsque tous ceux de la maison dormaient, pour aller au jardin où elle portait nus pieds, sur ses épaules meurtries par ses sanglantes disciplines, une grosse et pesante croix; elle éprouvait tant de joie et de douceur dans cet exercice que ce précieux fardeau la rendait insensible à toutes les rigueurs des saisons.

Elle se fit un rude cilice tissu de crins de cheval, qui la couvrait depuis les épaules jusqu'aux genoux. Mais pour le rendre plus rude, elle l'arma par dessous d'un grand nombre de pointes d'aiguilles, afin de triompher à la faveur de cette cuirasse de tous ses ennemis. Ayant été obligée de le quitter, elle le remplaça par une autre armure non moins rude à porter. Elle chercha l'étoffe la plus pesante qu'elle pût trouver, elle s'en fit un sac qui avait la forme d'une chemise. La qualité de l'étoffe et la forme de cet habit le rendait si incommode qu'elle n'avait pas moins de peine à le porter que le cilice qu'on l'avait forcée de quitter. Les peines que lui causait ce nouvel habit de pénitence, suppléaient à celles du premier. Son poids et sa rudesse l'accablaient de telle sorte, dans le climat brûlant où elle vivait, qu'elle en était toujours trempée de sueur, et sa forme étroite ne lui permettait d'agir et de remuer, qu'avec des douleurs qui la faisaient souvent évanouir, sans émousser toute fois son ardeur pour les souffrances. Elle en cherchait toutes les occasions, jusqu'à profiter de celle du four où on faisait cuire le pain dans sa maison, pour trouver en ce lieu un tourment d'un nouveau genre qui manquait encore à son entière ressemblance avec son divin époux, que les livres saints ont appelé l'homme de douleurs, * et dont le corps sacré depuis la plante des pieds jusqu'au sommet de la tête n'était qu'une plaie. Elle observait le moment où l'on venait de retirer le pain afin d'y être seule, et alors fermant la porte, elle présentait la plante de ses pieds à la bouche du four, dont la chaleur était encore très-violente, et les y faisait rôtir jusqu'à ce que la douleur lui fit craindre de défaillir et de perdre la vie. Toutes ces douleurs qu'elle recherchait avec tant d'ardeur et de courage, eussent été un peu adoucies par le relâche qu'elle eût trouvé dans le sommeil, mais nous allons voir qu'ici encore, elle avait eu le secret de se crucifier par la façon du lit où elle prenait son repos.

Elle commença bien jeune à retirer de son lit les matelas qu'on y mettait, et n'y laissa que les planches, une grosse pierre lui tenait lieu de chevet. Elle se fit ensuite un lit en forme de coffre, ou mieux de cercueil, d'un bois raboteux, qu'elle remplit de morceaux de tuiles cassées, de pierres de diverses grosseurs, et d'éclats de bois, avec

* Isaïe 1. ℣ 6.

un oreiller d'un morceau de rocher tout inégal et pointu : pour cacher ce pieux stratagème, et n'être pas découverte, elle mettait sur ce lit une grosse étoffe à divers plis, qu'elle avait soin d'ôter en se couchant. On sent bien qu'au lieu d'y trouver du repos, elle souffrait dans toutes les parties de son corps, dont chacune avait déjà sa torture et sa plaie. Elle tenait de plus à côté du chevet le vase du fiel dont nous avons parlé, pour s'en frotter les yeux et s'en laver la bouche, avant de se coucher, ce qu'elle faisait aussi en se levant. Ainsi préparée elle dormait deux heures; souvent même, elle ne les dormait pas, pour avoir plus de tems à donner à l'oraison. Il s'en fallait bien que la pratique continuelle de tant et de si cruelles pénitences l'y eût accoutumée, et en eût diminué la sensation. Bien au contraire, chaque fois qu'elle devait se mettre sur ce lit de douleur, qui lui réprésentait si bien la croix de son maître, elle entrait comme lui, dans une sorte d'agonie, en participation de la sienne, qui lui renouvellait aussi le sentiment de toutes les autres peines qu'elle s'était procurées d'ailleurs ; ce fut pendant quinze ans, qu'elle coucha sur ce lit.

Quoique tout ce qui portait l'empreinte de la douleur lui fût si agréable et la remplit de joie, celle qu'elle trouvait ici était si horrible qu'à l'approche seule de ce lit il semblait que sa générosité et son courage l'abandonnaient tant elle paraissait différente d'elle même. Elle ne s'est jaais mise sur ce lit sans qu'elle n'ait tremblé de ous ses membres comme dans les accès de la èvre la plus violente, et sans que son corps et ses s fussent comme brisés. Elle éprouvait un froid ui excitait des frissons si forts, si doulou-eux qu'il lui semblait que son sang se glaçait ans ses veines. Son visage à ces émotions extraor-inaires, annonçait assez les peines terribles qu'elle llait endurer. Ce qu'il y avait de plus étonnant ans le plus fort des douleurs de cet état acca-lant, c'est qu'elle s'efforçait de suspendre les oies intérieures dont Dieu récréait alors sa sainte me, de peur que ces douceurs spirituelles ne se épandissent par communication sur son corps, e qui aurait diminué et adouci ses douleurs, n participant aux délices de son esprit. Voulant out souffrir sans mélange d'aucune consolation, lle exprimait ainsi tout à la fois, la pureté de on amour, et le rapport de ses dispositions avec elles du fils de Dieu dans son agonie et sa pas-ion, durant laquelle il ne permit pas que la partie supérieure de son âme, qui était souve-rainement heureuse, communiquât rien de ses joies, à son corps accablé sous le poids d'une si grande douleur. Ce qui a rendu cette bien-heureuse fille l'objet de l'admiration non seule-ment de ses confesseurs, et de tous ceux qui ont eu connaissance de son intérieur, mais encore des peuples du Pérou. Elle répondait à ceux qui l'exhortaient à mettre quelque modération dans ses austérités : que ne pouvant rien faire de bien, il était bien juste au moins qu'elle endurât tout le mal qu'elle était capable de souffrir. Car elle ne manqua jamais de courage ni de résolution dans son esprit, parmi toutes ces austérités. Mais comme cette vigueur ne s'étendait pas sur son corps, elle en devint si faible que ses confesseurs l'obligèrent d'adoucir la rigueur de son lit en retirant ce qui le rendait si affreux. Notre Seigneur la consola aussi par ses visites dans ces saisissemens dont nous venons de parler, lui disant avec un visage riant et plein de douceur pour la fortifier, que le lit de la croix sur lequel il avait été couché pour son amour, était bien plus douloureux, et qu'il y avait souffert des peines bien plus sensibles que les siennes.

CHAPITRE VII.

SA RETRAITE DANS UN HERMITAGE AU FOND DU JARDIN DE SA MAISON.

L'AMOUR ardent pour Dieu dont notre sainte était embrasée, et qui se manifestait par tant de marques si touchantes ne pouvait que la détacher de tous les objets sensibles, et de la conversation des créatures. L'attrait qu'elle avait montré dès son enfance pour la solitude, les délices qu'elle éprouvait à converser avec Dieu lui faisaient aimer le silence, et l'éloignaient du bruit et de tout ce qui pouvait la distraire de cette union intime qu'elle avait, et qu'elle voulait toujours plus entretenir avec lui. Déjà dès son enfance elle avait fui toutes les récréations des autres filles de son âge, et n'avait pas de plus doux plaisir que de se tenir retirée dans les coins les plus abandonnés de la maison, pour s'entretenir uniquement avec Dieu, et n'être pas détournée de l'application qu'elle donnait à ce pieux et délicieux commerce. C'est là qu'elle recevait les faveurs privilégiées que J. C. lui communiqua avec tant d'abondance; dès ses premières années elles lui rendaient insipides tous les entretiens et les relations dont Dieu n'était pas l'objet et la fin. Elle se construisit à cet effet un petit cabinet au fond du jardin de son père, avec des feuilles de palmier, et des branches d'arbres qu'elle entrelaça habilement, de manière que les rayons du soleil ne pouvaient y pénétrer; le jour y étant ménagé, son recueillement n'y était point troublé, ni son esprit distrait par la vue. C'est là qu'elle donnait l'essor à ses pensées, à tous les sentimens de son cœur. Elle s'y tenait seule toute la journée intimement unie à Dieu par la prière et le travail. Ce qui faisait dire dans sa famille « si on veut trouver Rose, il faut la chercher au fond du jardin, c'est là sa chambre, sa table, son oratoire, son bonheur. » Mais ce n'était encore que celui de son enfance : elle goûta si bien les avantages de la retraite, et s'y familiarisa tellement, qu'à mesure qu'elle avançait en âge, c'était pour elle un supplice d'être obligée d'en sortir pour converser avec les créatures. Elle ne pouvait pas toutefois s'en défendre ; sa mère qui n'avait pas comme elle divorcé avec le monde auquel elle tenait par les bienséances de son état, la forçait souvent à paraître, pour satisfaire à l'empressement qu'on avait de la voir et de rendre hommage à sa sainteté, généralement reconnue. Ces visites contrariaient si fort l'attrait de cet ange terrestre, qu'elle s'efforça par ses prières et par ses larmes, d'obtenir de sa mère qu'elle la dispensât de recevoir ces visites importunes, et de l'accompagner dans celles qu'elle ferait elle-même. Sa mère quoique vivement touchée par ses pressantes sollicitations et ses larmes ne promit rien; cependant comme elle était chrétienne et bonne mère, elle craignit d'offenser Dieu en contrariant trop ouvertement l'attrait de sa fille pour la retraite. Elle la forçait moins impérieusement devant le monde : l'événement suivant la décida enfin à lui laisser une entière liberté.

Un jour qu'elle l'avait obligée de se bien parer, malgré sa répugnance, pour qu'elle l'accompagnât dans une visite qu'elle voulait faire; comme elles passaient devant le four de la maison, Rose porta sa main pour s'appuyer sur une grosse pierre qui se détachant lui tomba si rudement sur le pied, que la blessure qu'elle lui fit l'obligea à garder la chambre. Cet accident bien loin d'attrister notre sainte la réjouit : la douleur était son plus doux aliment tandis que les louanges qu'on ne cessait de lui donner lorsqu'elle paraissait devant le monde lui étaient insupportables. Elle employa tous les moyens qui étaient en son pouvoir pour amener sa mère à consentir à sa retraite qu'elle désirait passionnément. Elle recourut à la médiation de la reine du Ciel, qu'elle savait lui être toujours favorable, elle offrit à l'image sacrée de notre Dame du saint Rosaire honorée dans l'église des Dominicains, un collier de corail qu'elle gardait dans sa layette, l'attacha au cou de cette bonne mère, la conjurant d'être propice à ses vœux auprès de son Fils. On trouva peu à près que ce collier avait changé de place, et qu'il était dans les mains de l'enfant Jésus, sans que personne l'eût touché, d'après la déposition du père sacristain. Rose qui s'en apperçut la première, ne douta pas qu'elle n'eût été éxaucée.

Sur cette assurance, elle obtint de sa mère la faculté de faire bâtir au fond du jardin une petite cellule qui avait plutôt l'air d'un tombeau, que d'une habitation humaine, tant les dimensions en étaient resserrées. Mais on ne pouvait s'en prendre qu'à celle qui en avait tracé le plan qui se bornait à neuf pieds de long, et cinq de large. Elle répondit aux plaintes de ses parens, et de ceux qui paraissaient en être choqués, que n'ayant construit cet hermitage que pour y vivre seule, morte au monde, sans autre rapport qu'avec Jésus; ce petit réduit lui était suffisant, et commode pour jouir à loisir de ses divins entretiens. En effet, une sainte ame, que Dieu favorisait de grâces particulières, vit en esprit notre sainte après qu'elle se fut enfermée dans ce cabinet céleste, s'entretenant avec son divin époux, répandant sur elle les rayons de sa gloire qui ne pouvant être contenus dans un si petit espace, perçaient au-dehors et éclairaient toute la ville, ce qui a été bien constaté.

Enfermée dans ce lieu de son repos, après lequel elle avait si ardemment soupiré, elle pouvait dire avec l'apôtre : je suis morte et ma vie est cachée en Dieu. Elle y vivait si unie, si absorbée même en lui, par le saint exercice de la prière, de la contemplation et de ses pratiques de pénitences, qu'elle paraissait oublier qu'elle eût un corps, tant sa vie approchait de celle des esprits bienheureux. Le travail suivait la prière, sans l'interrompre, parce qu'elle y était toujours unie et élevée à Dieu, et que rien ne pouvait la distraire de cette application. Cependant ce genre de vie si retirée, et si extraordinaire, dans une personne de son sexe et de son âge, prêta matière aux discours et à la critique du monde, chacun la jugeait selon qu'il était affecté. Plusieurs en vinrent jusqu'à la blâmer de ce qu'elle n'allait pas tous les jours à l'église pour assister à la messe, comme elle faisait auparavant, et la chose en vint au point, qu'un personnage assez imposant, crut devoir lui en faire des reproches, et lui donner à ce sujet du scrupule. Elle lui répondit avec sa douceur et son humilité ordinaires, que ne pouvant aller à l'église qu'avec sa mère, qui en était empêchée par les soins qu'elle devait à ses enfans et à son ménage, elle suppléait à ce devoir, du fond de sa solitude, par tous les sentimens de sa piété et de son amour, en s'unissant non seulement à toutes les messes, mais encore à tous les autres exercices qui se faisaient à l'église.

Elle n'ajouta pas, ce qu'elle eût pu dire, avec vérité, et ce qu'elle aurait voulu cacher même à son confesseur, que son divin époux J. C. pour lui montrer qu'il approuvait sa conduite, lui faisait la faveur miraculeuse de la vue de tout ce qui se fait à l'autel durant la messe, qu'elle entendait les paroles des prêtres comme si elle eût été aux pieds des autels, avec des douceurs indicibles dans son ame. Et par une extension de cette grâce privilégiée, qu'elle entendait aussi souvent, la voix des prédicateurs qui annonçaient la divine parole dans les églises de Lima, de manière à pouvoir rendre un compte aussi exact des sujets qu'ils traitaient que si elle eût été réellement présente.

Après de telles faveurs, par lesquelles Dieu se montrait si généreux envers sa fidèle servante, serait-on surpris des autres, dont nous aurons à parler dans la suite de sa vie. Son corps étant si souple aux volontés de son esprit, et son esprit étant toujours si parfaitement soumis à toutes les volontés de Dieu, faudra-t-il s'étonner que ce bon maître ait vérifié en elle ce qu'il a dit dans l'écriture, *qu'il prend plaisir à faire la volonté de ceux qui le craignent.* * Il lui avait soumis les créatures irraisonnables, qui respectaient sa sainteté, et lui obéissaient avec une sorte de plaisir. L'humidité de la terre et la fraicheur des arbres qui environnaient l'hermitage de notre sainte solitaire y attiraient une multitude innombrable de ces moucherons importuns dont l'Amérique est remplie, et comme ces insectes ailés aiment et recherchent partout l'ombre et l'humidité, il arrivait qu'à midi, où la chaleur dans ce climat est extrême et où la nuit est froide et très-humide, ils se ramassaient autour des murailles de la fenêtre et de la porte de la cabane de la servante de Dieu, en telle quantité, qu'ils les couvraient, comme si on y eût tendu des pièces de tapisserie. S'ils pénétraient ensuite dans l'intérieur de ce pieux asile, ce n'était que pour lui donner des marques de leur respect et de leur amour. Ils perdaient pour elle leur aiguillon, et ils obéissaient à ses ordres, paraissant touchés et convaincus de l'affection qu'elle leur portait comme aux créatures et à l'ouvrage du tout-puissant. Ils semblaient être sensibles à ce qu'elle leur prêtait sa cellule pour les défendre de la chaleur et du froid

* Ps. 145, ℣. 20.

et le matin lorsqu'elle en ouvrait la porte et la fenêtre avant de se retirer, ils attendaient qu'elle les congédiât en quelque sorte. Alors leur adressant la parole, comme on en trouve des exemples dans l'histoire d'autres saints: Allons, mes petits « amis, leur disait-elle, adorons tous de concert, « comme nous le pouvons, la suprême majesté, « la puissance, la bonté ineffable de ce grand « Dieu qui nous a tous créés pour sa gloire, « consacrons lui nos louanges, chacun à notre « manière;» et comme s'ils eussent pénétré ses désirs et ses sentimens, ils se rangeaient dans un ordre merveilleux et faisaient un murmure et un bourdonnement si harmonieux et si agréable, qu'on eût dit qu'ils voulaient rendre à Dieu, avec elle, tout l'honneur dont ils étaient capables. Ce qu'ils faisaient encore à midi et le soir en retournant. Après quoi ils demeuraient dans un silence et un repos parfaits pour ne pas l'interrompre dans ses exercices, ni durant son sommeil.

Il s'en fallait bien que ces insectes eussent pour ceux qui venaient la visiter, les mêmes égards qu'ils avaient pour elle. Le nombre de ces visiteurs était très-petit; ce n'était guères que sa mère et quelques filles pieuses qui y étaient autorisées par leurs directeurs; elles en éprouvaient toutes sans exception, les piqûres mordantes et multipliées. Une amie de notre sainte, aggrégée comme elle au tiers ordre de St-Dominique, étant venue la voir, ces moucherons se jettèrent sur elle, quoi que ce fut à l'heure de leur repos, et la piquèrent si vivement qu'en voulant dans son émotion se défendre, elle en tua plusieurs pleins du sang qu'ils avaient sucé. Rose surprise de cette action lui dit agréablement : hé ! quoi ma sœur d'où vient que vous tuez mes petits hôtes, et que vous leur refusez une goutte de votre sang, vous surtout à qui Dieu, père tendre, donne souvent le sang de son divin Fils, dans l'auguste sacrement de l'autel ; calmez-vous je vous prie et soyez assurée qu'ils ne vous piqueront plus désormais et qu'ils auront pour vous la même douceur que pour moi. En effet pas un de ces nombreux insectes ne piqua plus personne de ceux qui la visitèrent ensuite.

CHAPITRE VIII.

SES TENTATIONS ET SES PEINES INTÉRIEURES.

Retirée dans sa solitude, absolument étrangère à toutes les choses du monde, séparée du bruit, des visites et des conversations des créatures, n'ayant que des rapports passagers, même avec ses parens, toute appliquée à la prière et au travail, Rose goûtait dans son hermitage des délices inexprimables, et un avant-goût du bonheur des saints. Mais plus elle s'approchait de Dieu, plus elle jouissait des avantages d'être toute à lui, plus aussi l'ennemi de tout bien s'efforça de l'en retirer, en livrant à sa sainteté et à sa constance les plus terribles assauts. Il n'est point de moyens qu'il n'employât pour triompher de sa vertu, abattre son courage et lasser sa patience. Il l'attaqua par des tentations si longues et si violentes, qu'elle endura pendant quinze ans, près de deux heures chaque jour, des peines à-peu-près semblables à celles du purgatoire. Son esprit était environné de si épaisses ténèbres, qu'elle ne savait pas discerner si elle n'était pas déjà avec les damnés dans l'enfer. Dans cette affreuse obscurité elle n'avait plus aucune idée de Dieu, ni de ses infinies miséricordes; elle se rappelait à peine qu'elle l'avait aimé autrefois, et cette pensée confuse, augmentait son tourment; en ce que se voyant si éloignée de ce premier état, elle s'imaginait ne plus le connaître, et qui pis est, elle se croyait réduite au malheur de ne pouvoir jamais l'aimer dans la suite. Elle ne le voyait plus que comme un étranger, un inconnu, en un mot, comme quelque chose d'aussi éloigné de sa pensée et de son cœur, que si elle n'avait jamais eu avec ce Dieu si aimable, aucun rapport d'union et d'affection. Un mur impénétrable se présentait à sa vue pour l'empêcher de sortir de cet horrible labyrinthe, où, son état à ce qu'elle croyait, ne différait pas de la peine du dam que souffrent les réprouvés, par la cruelle privation de la vue de Dieu.

Loin que la pensée de la mort, qui, lorsque les

peines sont extrêmes, console les affligés, en leur en montrant le terme, produisit cet effet sur cette vierge crucifiée cette pensée au contraire, ne servait qu'à l'accabler davantage, elle ne pouvait se persuader que ce qui était vrai pour les autres, le fût également pour elle. Au contraire, elle pensait qu'elle passerait de ces peines temporelles à celles de l'éternité. La désolation intérieure qu'elle éprouvait dans cet état affreux, où elle se croyait abandonnée de Dieu, était telle que souvent elle l'eût jetée dans le désespoir, et lui eût donné la mort, si Dieu ne l'eût soutenue par des grâces extraordinaires. Le comble du mal était, que les efforts qu'elle faisait pour écarter ces pensées, ne servaient qu'à les rendre plus fâcheuses et plus opiniâtres, et que le Démon remplissait son imagination de spectres et de visions si sales et si épouvantables, que quoique cette vierge pure, fût si aguerrie dans les combats de la milice chrétienne, et si avide de souffrir pour Dieu, néanmoins lorsque l'heure de ces combats et de ces peines approchait, elle paraissait comme dans la plus cruelle agonie. La pâleur et les sueurs de la mort se répandaient sur son visage, tout son corps tremblait avec tant de force qu'on croyait qu'elle allait expirer. Elle se jetait le visage contre terre conjurant Jésus-Christ son Sauveur d'avoir compassion de sa faiblesse, et de la dispenser de boire ce calice si amer; s'offrant à tous les genres de supplices et de morts qui lui seraient infiniment plus doux que d'être privée de son saint amour.

Il était difficile qu'un pareil état, dont il y a même peu d'exemples dans l'histoire des saints, n'excitât pas dans tous ceux qui la voyaient, l'étonnement et la compassion pour une personne dont la vertu était si généralement reconnue et estimée. Mais comme il est encore plus difficile de pénétrer dans les secrets et les opérations Divines, et dans la conduite que Dieu tient à l'égard de ses élus, ceux qui avaient la direction de notre sainte, étaient très-embarrassés sur le jugement qu'ils devaient en porter. Les uns croyaient qu'il y avait de l'illusion de sa part et que ce n'était qu'un prestige du Démon qui troublait son imagination égarée par des songes et des prétendues visions nocturnes; les autres l'attribuaient à ses jeûnes et à ses abstinences, à ses veilles et à toutes ses autres austérités qui lui avaient affaibli l'esprit. Dans cette diversité d'opinions, sur une conduite qui paraissait si étrange à tout le monde, elle fut soumise à un examen rigoureux des Théologiens les plus célèbres de l'Université de Lima. Ce qui ne fut pas pour elle une de ses moindres peines, parce qu'elles étaient de telle nature, qu'elle aurait pu dire avec vérité, que si elle pouvait en ressentir toute la force et l'étendue, il lui était impossible de les exprimer. Elle se soumit néanmoins à tout ce qu'on exigea d'elle, avec une docilité, une simplicité et une candeur dont ils furent ravis, et plus encore de son humilité à écouter les jugemens qu'ils en portaient au commencement, en sa présence : car quelques-uns en rejetaient la cause sur les vapeurs que ses entrailles desséchées par les austérités, portaient à son cerveau; et d'autres sur la stupidité de son esprit qui ne savait et ne pouvait pas expliquer ce qui se passait en elle.

Ce n'est pas qu'elle ne tachât pour leur obéir, de leur tracer quelquefois une idée de l'état de ses peines, par des figures et des comparaisons, qui quelque sensibles qu'elles parussent, ne pouvaient pas approcher du sentiment et des impressions de douleur qu'elle ressentait dans le fond de son âme. Ainsi, lorsqu'elle les avait comparées avec le feu qui lui semblait l'objet le plus propre à exprimer la violence de ses maux, elle avouait ingénûment, qu'il n'y avait aucune proportion, entre ce qu'elle endurait dans son ame, et les douleurs causées par cet élément dans toute son activité. Elle ajoutait qu'elle se voyait très-éloignée de Dieu, dans une espèce d'opposition avec lui, et si accablée sous le poids de ses peines, qu'il lui arrivait alors ce qu'a dit le Prophète, qu'elle était comme abîmée par la plus affreuse tempête dans une mer sans fond et sans mesure, n'ayant d'autre mouvement en elle que le désir d'être anathême et séparée de Jésus-Christ son Dieu et son Époux. Toute sa conduite jusqu'ici avait fidèlement retracé celle de sainte Catherine de Sienne, son modèle. Mais Dieu voulut lui donner encore avec elle un nouveau trait de ressemblance, en l'éprouvant dans la fournaise des tribulations et désolations intérieures. Ce qu'il y eût de plus admirable dans cette sainte victime de la Croix parmi ces états déchirans, c'est qu'elle n'y perdit pas un instant la confiance en Dieu la plus parfaite, ainsi que l'abandon le plus absolu à toutes ses volontés; c'est encore que, par une grâce particulière de ce bon maître, elle y eût la conviction et l'assurance la plus intime, qu'elle lui était toujours unie par toutes ses affections, et qu'elle était dans la voie assurée de son salut et de sa perfection. Elle était persuadée également, que tout ce qu'on jugerait et tout ce qu'on exigerait d'elle, ne serait que ce que Dieu en avait jugé et ordonné lui-même.

Aussi fut-elle imperturbable dans les divers interrogatoires qu'elle eût à subir devant les juges dont nous avons parlé. Tous étaient des personnages éminens par leur doctrine et leur piété, choisis dans l'ordre des frères Prêcheurs et de la Compagnie de Jésus. On leur avait adjoint un prêtre séculier nommé Jean de Castille, aussi distingué par sa noblesse que par ses autres qualités, et quelques autres prêtres non moins recommandables. On avait aussi appelé son confesseur, qui avait étudié long-temps son esprit, et qui sans sortir des limites sacrées de son divin ministère pouvait par ses lumières et sa longue expérience dans la conduite des ames, être utile à ces Docteurs, tant sur les questions qu'ils avaient à faire, que sur les moyens qu'ils avaient à prendre pour acquérir la vérité de tout ce qu'ils devaient connaître et juger. Ce n'est pas ici l'époque la moins intéressante de la vie de notre Sainte ; si l'on fait attention que jusqu'à ce moment, elle avait vécu cachée dans la plus sombre retraite, sans que l'éclat de ses vertus, et des faveurs qu'elle recevait du Ciel, fût connu de personne, hors ce qu'elle ne pouvait dérober aux regards de ses parens. Si ses intentions n'eussent pas été aussi pures, et toute sa conduite aussi droite et irréprochable, c'en était assez pour la déconcerter que d'être obligée d'en rendre compte devant un tribunal aussi imposant. Mais sans aucun retour sur elle-même, ne désirant que d'obéir et de plaire à Dieu, elle y parut malgré tout ce qu'il en coûtait à son amour pour la vie cachée. Et elle y prouva la vérité de cet oracle, que Dieu découvre aux simples et aux petits, ce qu'il cache aux sages et aux prudens du monde.

Après que ses juges eurent eu entr'eux plusieurs conférences, sur tout ce qu'elle pratiquait, et sur tout ce qui se passait en elle d'extraordinaire et de surnaturel, ils remarquèrent scrupuleusement et avec la plus grande attention tout ce qui suit, et qui servit de base aux diverses questions qu'ils lui firent. Ils remarquèrent donc 1.° que dès son enfance elle avait éprouvé des désirs très-empressés d'aimer Dieu uniquement : un attrait si puissant pour la prière, qu'elle ne trouvait rien de plus doux et de plus agréable que de s'entretenir avec Dieu, et d'élever incessamment son esprit à la contemplation des vérités éternelles. 2.° Que jusqu'à l'âge de douze ans elle avait gardé dans l'oraison des conduites différentes, qui toutes l'avaient élevée au plus haut degré de spiritualité et d'union à Dieu. 3.° Que toute sa vie avait toujours été un exercice continuel de patience dans les horribles traverses et angoisses qu'elle avait souffertes, et dans ses austérités, ses jeûnes, abstinences et veilles, dans ses longues et douloureuses infirmités et maladies, avec un corps d'ailleurs si faible et si délicat. 4.° Ils observèrent surtout, qu'elle était arrivée à une si parfaite union avec Dieu, qu'elle ne pouvait en détourner sa pensée, quand même elle eût voulu l'appliquer expressément à quelqu'autre objet. Et que ni son travail, ni ses occupations extérieures, ni les fâcheuses maladies, qui lui causaient d'excessives douleurs, n'étaient pas capables de la distraire et de la détourner de cette application et de cette parfaite union. Ils remarquèrent enfin que Dieu lui était si présent dans toutes les puissances et les facultés de son ame, et qu'il y excitait et y faisait naître de si douces espérances du secours de ses lumières et de ses grâces, qui lui était absolument impossible de trouver d'autres plaisirs sur la terre, que dans l'idée continuelle qu'elle avait de la richesse de ses miséricordes.

Sur tout cela, ils posèrent les questions suivantes, auxquelles ils l'obligèrent de répondre en vertu de l'obéissance. Ce qu'elle fit avec tant de docilité, de respect, de candeur et de simplicité, que s'ils n'avaient eu déjà d'autres preuves de sa sainteté, ses réponses eussent suffi pour les en convaincre.

On lui demanda d'abord, si elle n'avait jamais lu des livres qui traitassent de la théologie mystique ? Elle répondit humblement, qu'elle ignorait s'il en existait qui portassent ce nom, et qui enseignassent cette manière d'oraison qui élève les ames à la vie unitive, sur laquelle on l'interrogeait. On voulut encore savoir d'elle, quels étaient les efforts qu'elle avait faits pour combattre ses penchans et ses mauvaises inclinations ? Elle répondit, avec son ingénuité naturelle, qu'elle ne se souvenait pas d'avoir jamais trouvé de la résistance dans son esprit pour la pratique de la vertu, qu'au contraire, elle avait ressenti dès son plus bas âge, une forte inclination pour la piété, qui lui en avait fait embrasser les pratiques avec beaucoup de joie. *Ce n'est pas cependant*, ajouta-t-elle, *qu'il ne se soit quelquefois élevé des mouvemens indélibérés dans moi-même, mais aussitôt que j'appliquais mon esprit à la présence de Dieu, ils s'évanouissaient si promptement qu'ils ne me donnaient pas ordinairement le temps de les combattre.*

On lui demanda encore, si elle ne trouvait pas au moins quelque légère satisfaction dans les choses de la terre, après que son esprit s'était un peu relaché de la forte application qu'elle avait mise à s'entretenir avec Dieu, pendant son oraison ? à cela elle répondit, qu'il lui était impossible d'y trouver la moindre satisfaction, que bien plus, elle souffrait des peines inconcevables, lorsque son esprit était un moment sans s'appliquer à Dieu. Ils en vinrent à la forcer de se découvrir, et ce fut ce qui lui coûta le plus à déclarer ; savoir : quel était l'état précisement où elle se trouvait après ses sécheresses et ces désolations terribles dont nous avons parlé. C'est ici, nous devons le dire, que son obéissance parut dans tout son éclat. Elle rougit à cet ordre formel et pressant ; la crainte et la pudeur dont elle fut saisie, parurent sur son visage, qui s'enflamma, annonçant la peine qu'elle avait d'être obligée de déclarer des secrets, qui n'étaient connus que de Dieu. Elle obéit néanmoins, mais ce fut avec une grande confusion d'elle-même, d'une voix tremblante et entrecoupée, qu'elle déclara qu'après ces horribles ténèbres, Jésus-Christ lui apparaissait visiblement, tantôt sous la forme d'un enfant et quelquefois à l'âge de trente ans, dans l'état où il était conversant avec les hommes. Elle ajouta, que la Très-Sainte Vierge venait ordinairement la consoler, avec un visage ouvert et joyeux, et des regards pleins de bonté et de douceur qui la comblaient dans son intérieur de consolations délicieuses.

Elle dit encore, que ces fréquentes visions, produisaient et opéraient en elle trois choses extrêmement avantageuses, savoir : 1.° Une abondance de joie qui la rendait insensible à tous les plaisirs du monde. 2.° Un amour et un attachement pour Dieu tel, qu'il la séparait entièrement de toutes les créatures. 3.° Un calme si parfait dans toutes ses passions, qu'elle ne trouvait et ne voyait rien sur la terre capable d'altérer la paix de son ame. Après ces diverses conférences, et tout ce que nous venons d'exposer, ses juges conclurent unanimement, après le plus sérieux examen et les plus mures considérations de tout ce qu'ils avaient vu et entendu, qu'il n'y avait pas la moindre apparence d'illusion dans toute sa conduite; qu'elle était toute l'ouvrage de Dieu: qu'il n'y avait aucun doute qu'elle ne fût dans la voie assurée d'une haute perfection; que cette espèce d'agonie qu'elle souffrait dans ces désolations intérieures, était un effet des desseins de Dieu sur elle, qui permettait que son esprit fut tourmenté par ces horribles appréhensions de l'enfer, et son entendement obscurci par ces effroyables ténèbres, afin de la conserver dans l'humilité et de purifier de plus en plus son amour pour Dieu, par ces terribles épreuves.

Tel fut le jugement solennel qu'ils portèrent de la solidité des vertus de notre Sainte, et des divers états par lesquels Dieu l'avait faite passer jusqu'alors. Un pareil témoignage rendu par des hommes si sages et si éclairés, dont l'autorité était d'un si grand poids dans tout le pays, ne pouvait qu'augmenter l'estime générale qu'on avait de sa sainteté, surtout lorsque d'après leur rapport on eût connaissance dans le public, de la manière dont ils avaient procédé, et de tout ce qu'ils avaient fait pour s'assurer de la vérité des faits qui leur furent soumis.

Mais ce qui appuya davantage ce jugement, c'est

que plusieurs autres graves Théologiens, d'après la connaissance des faits, et de tout ce qu'on rapportait de surprenant de cette fille vraiment admirable, surtout de la manière avec laquelle elle parlait des mystères, les plus relevés de notre sainte Religion: de la Trinité des personnes Divines, de l'Incarnation du Verbe, de la rédemption des hommes, et des autres mystères de la foi; eurent la curiosité de l'entretenir en détail sur ces matières relevées. Après avoir conféré plusieurs fois et assez long-temps avec elle, par l'ordre des supérieurs, ils avouèrent qu'ils n'avaient jamais connu une ame aussi éclairée de la lumière divine, et que cette bienheureuse fille, n'était et ne pouvait être arrivée à cette sublime connaissance de ces ineffables mystères, ni par la vivacité de son esprit, ni par l'application à l'étude, ni par aucun autre moyen humain et naturel, mais que c'était Dieu lui-même, qui lui en avait donné la connaissance, par une science infuse et surnaturelle, et qu'elle n'était que l'organe de l'Esprit-Saint, quand elle parlait de ces hautes vérités de la Religion.

Ce qui étonna les hommes les plus expérimentés dans les secrets de la théologie mystique, ce fut de voir cette simple fille, arrivée au plus haut degré de la vie unitive, sans s'être presque exercée dans les pratiques laborieuses de la vie purgative, et de remarquer aussi entre Dieu et cette sainte ame, une espèce de lutte, sans pouvoir déterminer si Dieu était plus occupé à chercher dans les trésors de sa sagesse, les moyens de l'exercer par les souffrances, qu'elle n'était disposée à les endurer de tout son cœur, pour son seul amour. Parce qu'en effet, on voyait en elle, une avidité et une soif incroyable pour les croix, toujours jointe à une patience invincible, qui la rendait victorieuse des peines et de toutes les oppositions les plus sensibles, et les plus affligeantes dont Dieu se servait pour exercer son amour et sa fidélité. Ce ne furent pas seulement les savans docteurs, et les plus grands maîtres de la vie spirituelle, qui, après un long et sévère examen approuvèrent sa conduite, et attestèrent, par des actes publics, qu'elle était gouvernée par l'esprit de Dieu, et animée par le mouvement de sa grâce; mais il y eût encore à Lima, plusieurs autres personnes d'une vertu éminente, qui toutes applaudirent à ces glorieux témoignages qu'on lui rendit. Entr'autres, une femme dont la sainteté était généralement reconnue avait une telle conviction du mérite de celle qu'elle prenait pour modèle, qu'elle n'en parlait qu'avec des transports de joie et d admiration, qui allaient jusqu'à se prosterner à ses pieds et à baiser ses traces.

CHAPITRE IX.

SON UNION INTIME AVEC DIEU.

On a dû observer par tout ce qui précède, que dès le berceau, le Seigneur avait choisi sainte Rose de Lima, pour faire dans son cœur sa demeure privilégiée, et qu'à cette fin, il l'avait favorisée des grâces les plus rares et les plus abondantes. On doit aussi avoir remarqué avec quel soin et quel empressement, elle a su profiter de ces dons célestes dont elle connaissait si bien le prix. D'après cette connaissance et cette estime, elle embrassa dès lors tous les moyens qu'elle crut les plus propres pour arriver à cette union parfaite à laquelle il daignait l'appeler ; et parmi tous ceux que sa piété lui suggéra, celui de la prière et de l'oraison fut le premier et le principal, parce qu'il semblait que c'était à celui-là que son Sauveur l'attirait uniquement. L'attrait singulier qu'elle y eût dès sa plus tendre jeunesse, paraissait être en elle une nécessité naturelle, dont rien ne pouvait la détourner. Les lumières surnaturelles qu'elle y recevait en étaient la preuve la plus évidente. Cet attrait et ce goût croissant chaque jour, il semblait qu'elle ne vivait que pour prier, et être unie à l'objet si cher à son cœur. Tout absolument était soumis en elle à cet attrait puissant, et la servait admirablement pour tendre et arriver à cette union intime avec Dieu, qui faisait l'unique bonheur de sa vie. Il n'y avait ni travail, ni occupation quelconque, ni conversation qui pussent mettre obstacle à ce penchant naturel.

Elle avait à ce sujet deux méthodes différentes, pour parvenir toutefois à la même fin de converser et de s'unir à Dieu. L'une lui servait lorsqu'elle se trouvait dans la solitude, dégagée de tous les objets sensibles et terrestres, dans son hermitage, ou dans quelqu'autre lieu solitaire et silencieux. Elle s'élevait alors par sa pensée libre, jusques dans le sein de Dieu, pour contempler à loisir, sans être interrompue, toutes les beautés de ses divines perfections. Elle employait ordinairement, douze heures chaque jour, dans ces admirables communications, sans jamais s'en détourner autant que cela dépendait d'elle. Son recueillement était si profond, qu'elle paraissait avoir perdu l'usage de ses sens, mais à l'Église ses yeux étaient tellement fixés sur l'Autel, et le saint Tabernacle, qu'elle ne voyait personne de ceux qui passaient devant elle, ou à ses côtés. On a remarqué que dans certaines occasions elle était insensible au bruit, et aux cris qu'on y faisait. Ce qui frappait le plus, c'était son immobilité dans ses longues oraisons; elle y passait quelquefois la nuit entière, et on la retrouvait le matin dans la même position qu'elle avait prise en commençant sa prière du soir. Elle consacrait trois heures, du temps destiné à ses entretiens avec Dieu, à la méditation des bienfaits et des grâces sans nombre qu'elle avait reçues de sa miséricorde. Durant long-temps, elle s'appliqua à méditer sur les infinies perfections de Dieu, afin d'en tirer de saintes affections qui allumaient toujours plus dans son cœur les flammes du divin amour. Elle honorait d'un hommage tout particulier ces attributs divins par un culte de latrie.

Ce que nous devons faire remarquer ici particulièrement aux personnes qui s'appliquent aux exercices de la vie intérieure et qui ont la pratique si importante de l'oraison mentale, c'est que notre Sainte la regardait comme le moyen de s'unir toujours plus à Dieu par les sentimens et les affections de son ame. Ce qu'elle ne croyait pouvoir mieux faire qu'en y excitant fortement les mouvemens qui s'élevaient dans son cœur, et qui correspondaient aux attributs qu'elle considérait en Dieu; de telle sorte, que les affections et les actes qu'elle formait, étaient conformes aux effets que nous attribuons aux perfections souveraines du Tout-Puissant. Aussi était-elle continuellement agitée de sentimens différens, selon la diversité des sujets et des perfections divines qu'elle méditait. Tantôt c'était la crainte; tantôt l'espérance, l'amour; tantôt la douleur, la confusion; tantôt la joie, les désirs les plus vifs, et tant d'autres qui partageaient son cœur, après la considération de la toute-Puissance, de la sagesse, de la bonté, la miséricorde, la justice, et de tous les autres attributs qui fixaient et occupaient son esprit. Elle éprouvait deux sortes d'agitations, semblables aux battemens contraires, que les médecins reconnaissent au cœur humain, et qui se succèdent l'un à l'autre. Si donc la considération de la justice terrible de Dieu l'atterrait et lui découvrait le fond des abîmes éternels, la pensée de l'étendue des miséricordes infinies l'élevait ensuite jusqu'au ciel, au point que ses Directeurs à qui elle exposait tout ce qui se passait dans son ame, ont attesté, que cette manière de prier de Rose, n'était pas seulement agréable à Dieu, mais qu'elle était encore terrible aux démons.

Par cette considération des attributs divins dont cette vierge éclairée avait trouvé le secret, son amour pour Dieu faisait des progrès continuels dans son ame, et donnait une telle force à ses paroles, qu'elles étaient comme des flèches embrasées qui perçaient le cœur de ceux avec qui elle conversait. Elle avait d'ailleurs cette sainte adresse d'user de tous les moyens possibles pour porter ceux qui l'approchaient, à l'horreur du vice et à l'amour de la vertu. Tous les objets qui se présentaient à sa vue, lui servaient admirablement à remplir cette fin, et d'autant mieux, que c'était sans aucune recherche et tout naturellement. Semblable au Prophête-Roi, les merveilles du ciel, de la terre, des mers, lui servaient de motifs pour s'élever au Créateur de toutes choses, pour le bénir et l'adorer en tout. Ce spectacle merveilleux la portait à exciter dans l'ame des autres les mêmes sentimens. Aussi profitait-elle des visites qu'on lui faisait ou de celles qu'elle était obligée de faire, pour tourner le discours vers Dieu, se servant adroitement de la beauté des créatures, pour parler de la souveraine bonté du Créateur, qui éclate dans ses moindres ouvrages. Se promenait-elle dans un jardin ? les arbres, les plantes, les fleurs, tout prêtait matière à son zèle, à sa charité. Elle trouvait dans tous ces objets un fond de morale pour exciter dans les autres l'amour, la reconnaissance, la fidélité envers Dieu, que ces diverses créatures nous prêchent chacune à leur manière. Ce sont, disait-elle, tout autant de tableaux qui nous représentent l'excellence des perfections divines. Cette considération de tout ce qu'elle voyait ou entendait, élevait toujours davantage son esprit au-dessus des sens, et la conduisit à cette haute et intime union avec Dieu, dont elle ne paraissait plus sortir et qui l'emportait souvent jusqu'aux extases et aux ravissemens. Un petit oiseau vint un jour se percher auprès de sa fenêtre pendant que notre Sainte était malade ; il y chanta avec une si douce mélodie, que, perdant l'usage des sens, elle entra dans des transports d'amour pour Dieu, qui durèrent depuis le matin jusqu'au soir, toujours occupée à considérer la divine bonté, qui avait donné à ce petit oiseau la faculté de faire un ramage si mélodieux.

On eût dit que cette violente inclination qu'elle avait à louer Dieu soumettait et rendait dociles à sa voix, les créatures inanimées. Les auteurs de sa vie rapportent à ce sujet, des choses si étonnantes, qu'on aurait peine à les croire ; mais le désir qu'elle avait que tout dans la nature, rendît hommage au Souverain Créateur, était fondé sur l'exemple des plus grands saints, et du Roi-Prophête lui-même. Il lui était assez ordinaire, lorsqu'elle ouvrait le matin la porte du jardin de la maison, pour entrer dans son hermitage, d'inviter les arbres, les plantes, les buissons, à louer et adorer la puissance et la bonté de celui qui a tout fait pour sa gloire, et pour l'utilité ou l'agrément des hommes. Pour récompenser ce désir pieux de notre Sainte, Dieu donnait à sa voix une force merveilleuse qui semblait une participation de cette parole divine, qui a produit et créé tout ce qui existe dans l'univers. A la voix de Rose, les arbres s'agitaient, leurs branches s'entrelaçaient les unes dans les autres, les fleurs s'épanouissaient, comme si tout ce qui était dans le jardin eût été animé, et voulût s'unir au tribut d'hommage et d'actions de grâces qu'elle rendait au commun Créateur. Ce qui la réjouissait le plus, c'est qu'après un bruit, un murmure ravissant, on voyait ces êtres insensibles se courber, les arbres abaisser leurs branches, les fleurs se fermer, les plantes s'incliner, afin de lui donner par ce spectacle la preuve qu'ils partageaient les sentimens de son cœur. Le P. Feuillet, pour prévenir l'improbation des lecteurs à qui de pareils récits ne plairaient pas, relève à propos une pensée du grand saint Ambroise, qui dans le rapport d'un fait à-peu-près semblable, n'hésite pas à dire, que la fable avec toutes ses fictions, ne pourra jamais approcher de la vérité de ce que nous admirons dans la vie des Saints : *Plus est quod Religio fecit, quàm quod fabula finxit.* En effet quelle comparaison peut-il y avoir, entre Orphée, qui anime les arbres, les rochers, par le son de sa lyre, et la Bienheureuse Rose, qui dans l'ingénuité de son amour pour Dieu, invite, en entrant dans son jardin, ces mêmes objets à le bénir avec elle ?

Dieu permettait souvent cet accord merveilleux des créatures insensibles, avec le cœur et la voix de la Bienheureuse Rose, afin de la consoler, et de la dédommager de la peine que lui causaient la froideur et l'insensibilité des hommes. On observa durant tout le carême qui précéda sa mort de cinq à six mois, qu'un autre oiseau dont le ramage était ravissant, venait tous les jours à l'heure où le soleil commençait à s'abaisser, se placer vis-à-vis la fenêtre de sa chambre pour la réjouir par la variété de ses chants. Elle l'entendait à peine, qu'elle lui commandait de les employer à louer de tout son instinct le Seigneur. Il obéissait en rehaussant la voix et chantant de toutes ses forces; jusqu'à ce que, cette Épouse de Jésus-Christ, qui ne voulait pas céder à cette faible créature dans un sujet où elle se croyait bien plus obligée qu'elle de consacrer à Dieu des cantiques de bénédiction et de louanges, se mettait aussi à chanter des hymnes à la gloire de son Dieu; ce qu'elle faisait avec beaucoup de grâce. Le musicien aîlé s'arrêtait alors par une sorte de respect pour elle, et reprenait ses chants dès qu'elle commençait à se taire. Ce concert surnaturel d'une part, et tout naturel de l'autre, avait cependant tant de mélodie et de douceur qu'il ravissait tous ceux qui l'entendaient. Il durait ordinairement une heure. A six heures du soir la Sainte le congédiait jusqu'au lendemain, et l'oiseau fidèle ne manquait jamais de paraître à la même heure. Les grâces si abondantes que notre Sainte recevait dans l'oraison mentale, lui en démontraient toujours mieux le prix et l'excellence, et lui en rendaient la pratique si délicieuse que dans l'intime conviction où elle était de ses précieux effets, elle aurait voulu porter tout le monde à l'embrasser et à donner tous les jours un peu de temps, chacun selon ses moyens, à ce saint exercice, dont elle connaissait par une si douce expérience, la nécessité et les avantages. Pénétrée de la plus profonde et de la plus amère douleur à la vue des désordres qui se commettent dans le monde, des maux qu'ils y attirent, et de l'aveuglement des hommes qui s'y laissent entrainer, elle ne voyait pas de meilleur moyen de les faire cesser, et d'éclairer ces pauvres ames dissipées et séduites par les prestiges du démon que de les porter à la pratique assidue de la méditation des vérités éternelles. Aussi ne cessait-elle d'exciter tous ceux qui l'approchaient, à s'efforcer d'entrer dans cette voie de la méditation et de l'oraison qu'elle appelait le chemin assuré du Ciel. C'est pour cela qu'elle conjurait avec une profonde humilité, mais aussi avec une éloquence bien digne de l'Esprit divin, tous les prêtres qu'elle voyait, d'en recommander fortement la pratique, et dans la chaire et dans le saint tribunal, les pressant d'inculquer à leurs auditeurs et à leurs pénitens, cet unique moyen de ramener les pécheurs dans les sentiers de la justice, d'y soutenir et d'y faire avancer les justes : leur ajoutant que si les chrétiens ne sentaient pas assez la haute dignité de leur caractère, s'ils étaient si peu touchés d'amour pour Dieu, s'ils n'étaient point pénétrés de l'importance du salut, c'était parce qu'ils ne rentraient pas en eux-mêmes, indifférens au saint exercice de la méditation.

Quoiqu'elle fût si habituée et si avancée elle-même dans cette sainte pratique, elle ne négligeait pas cependant la lecture des bons livres, et surtout de ceux qui traitent des moyens de s'avancer toujours plus dans la vie spirituelle, et de la pratique de la mortification intérieure par la résistance aux inclinations de la nature, aux satisfactions des sens, et à tout ce qui peut exciter et nourrir les passions. Elle avait dans le cadre des exercices qui remplissaient sa journée, des heures marquées pour cette lecture qui donnait à sa ferveur de nouveaux accroissemens, et lui facilitait les moyens de produire les mêmes effets dans ceux à qui elle conseillait cette intéressante pratique. Afin de réussir dans les avis qu'elle donnait, et pour mieux faire goûter les fruits de la méditation, dont bien des personnes se rebutent surtout dans les commencemens, elle désirait ardemment, que tous ceux qui sont chargés d'instruire les peuples, fissent bien connaître l'union des deux sortes de prières, la mentale et la vocale, qui renferment les trésors du Christianisme; et en vraie fille du grand saint Dominique, elle assurait à ce sujet, qu'il n'y avait rien de comparable à la dévotion et à la pratique du Saint Rosaire, établie et prêchée par cet homme Apostolique, et par ses enfans. Elle y était très-fidèle elle-même, et s'en acquittait avec une joie indicible. Aussi son zèle à cet égard, et son exemple y portèrent un nombre prodigieux de personnes de tout sexe, et de tous les rangs, dans le nouveau monde.

CHAPITRE X.

SON ZÈLE DU SALUT DES AMES, ET SON AMOUR POUR LES PAUVRES.

Le zèle du salut des ames, est une des vertus qui ont fait le caractère particulier de saint Dominique, et c'est aussi le plus riche héritage qu'il ait laissé en mourant à ses enfans. Il les exhortait peu avant d'expirer à se répandre sur toute la terre pour la conquête des ames. La Bienheureuse Rose, en embrassant la Règle, et se revêtant de l'habit de ce saint fondateur, se revêtit encore mieux de ses vertus et de son esprit; le salut des ames, la conversion des pécheurs étaient l'aliment et le soutien de sa vie. C'était la fin de tout ce qu'elle faisait. On eût dit à la suivre de près, qu'elle n'existait, et ne vivait que pour cet important objet. C'est à cette fin sublime de la divine charité qui brûlait dans son ame, qu'elle dirigeait ses pensées, ses désirs, ses prières, ses larmes, sa vie toute entière. Il ne se passait pas de moment qu'elle ne conjurât le Seigneur de la manière la plus touchante de retirer tant d'ames qu'il a rachetées, du malheureux état où elles se trouvaient.

Lorsqu'elle jetait les yeux sur les hautes montagnes de l'Amérique méridionale ses larmes coulaient en abondance; elle était inconsolable sur la perte des peuples barbares dont elles sont remplies. Son zèle n'ayant pas moins d'étendue que sa charité, elle pleurait amèrement la perte éternelle de cette multitude d'infidèles du nouveau monde, qui vivent et meurent sans aucune connaissance du vrai Dieu, des mystères adorables et des vérités de notre sainte religion. Elle eût désiré dans l'ardeur du zèle qui la dévorait être anathême comme l'Apôtre, pour le salut de ses frères, être déchirée par morceaux afin de les sauver tous : et jusqu'à vouloir par un effet de cette héroique charité être placée comme une barrière et un filet à la porte de l'enfer, pour empêcher et retenir les ames de tant d'insensés et obstinés pécheurs qui se précipitent tous les jours et à tous momens, avec une espèce de fureur. Elle exhortait souvent avec des expressions de feu, les Religieux à qui elle parlait, d'aller annoncer l'Évangile à ces pauvres Indiens idolâtres ; leur faisant espérer les plus grands succès de leur ministère, s'ils avaient soin d'éviter dans leurs prédications, les subtilités, les figures et les fleurs trop recherchées qui seraient superflues, et mêmes nuisibles pour ces esprits grossiers, en altérant la pureté et la belle simplicité de la divine parole.

Si elle eût été moins soumise aux dispositions de la providence en ce qui la concernait, elle eût désiré d'être née d'un autre sexe que le sien. Lorsqu'elle disait, dans l'ardeur de son zèle, qu'alors elle se fût mise à l'étude dès ses plus jeunes années, pour se rendre capable de travailler de toutes ses forces au salut des ames; et qu'elle aurait ensuité parcouru, les nations et les provinces les plus éloignées de l'Amérique pour y porter le flambeau de la foi, afin d'éclairer des saintes vérités de la Religion, ces anthropophages qui les habitaient ou du moins pour y finir sa vie par un glorieux martyre. Mais se voyant par la réserve de son sexe, dans l'impuissance d'exécuter ce généreux dessein, en s'exposant à de si longs voyages, elle avait résolu d'adopter un jeune enfant, afin de

pressions sur ceux qui l'écoutaient. Aussi le Sei-eur couronnait-il son zèle des plus heureux suc-s, qui tenaient quelquefois du miracle.

En effet, Dieu s'est servi souvent de cette vierge dévouée pour opérer des conversions surprenan- et miraculeuses. On lit dans les actes de sa ca-nisation, qu'un jeune homme des plus distingués la province, par sa noblesse, épris de la beauté cette sainte fille, aurait voulu la demander en ariage, mais il désespérait de pouvoir jamais l'ob-air, parce qu'il prévoyait que sa vie licencieuse, nnue de toute la ville, serait un obstacle invinci-e à ses désirs. Cependant, pour contenter sa ssion, il cherchait tous les moyens de la voir, et ême de l'entretenir quelques momens; ce qui était pas bien facile. Afin de s'en procurer l'occa-on, il imagina de mettre la mère de notre Sainte ns ses intérêts, pour qu'elle ordonnât à sa fille, nt il connaissait les talens pour tous les ouvrages opres à son sexe, de lui faire des broderies pour s habits de parade, promettant de payer large-ent ce travail, dont aucune autre qu'elle n'était pable. La mère peu avisée, ne se méfiant pas du ège, qui pouvait être caché sous ces dehors spé-eux, la fit appeler, afin de s'entendre avec lui our la nature de ces broderies. Mais l'Époux im-ortel de notre prudente vierge la prévint de la ise et des efforts de l'ennemi juré de son inviola-e pureté. Il mit dans son ame, les mêmes senti-ens et sur ses lèvres à-peu-près les mêmes paroles, qu'avait employées l'illustre vierge romai sainte Agnès, dans une pareille tentative. « Retir » vous de moi, aliment de la mort, parce que » suis promise et uniquement dévouée à un Ép » divin et immortel. » Cependant, afin de profit de cette occasion pour éteindre le feu impur brûlait dans le cœur de ce jeune libertin, no Sainte lui exposa avec autant de civilité que modestie, tout l'odieux des mauvaises intentio qu'il cachait au fond de son ame, la juste indign tion qu'inspirait à tous ceux qui le connaissaien le déréglement de ses mœurs; elle lui rappela av force la mort prématurée et souvent subite voluptueux, et les terribles jugemens du Seign qu'il devait subir. La grâce divine donna à ses roles un feu et une onction si touchante, qu'el le pénétrèrent jusqu'au fond de l'ame. Un chang ment subit s'opéra en lui; il la quitta bien réso de faire pénitence de ses désordres, et d'embrass les pratiques d'une vie véritablement chrétienne. y persévéra jusqu'à la fin de sa vie, et sa condui toujours édifiante, prouva aux témoins de ses pre miers égaremens l'abondance et la force de la grâ dans un cœur long-temps plongé dans le vice, changé tout-à-coup à la voix d'une jeune vier qu'il avait tenté de séduire.

L'austère retraite où elle se tenait cachée, loi d'arrêter son zèle, lui donnait au contraire plu d'activité, lorsqu'elle croyait pouvoir ramener quel que ame égarée dans les voies du salut. Sacha

une femme de son voisinage était tellement do-
née par la colère, que personne ne pouvait vivre
c elle, ni l'aborder, sans qu'elle entrât dans des
ès de fureur, Rose lui fit une visite de civilité;
e en fut assez honnêtement reçue : elle lui fit
c tant de grâce un si beau portrait de la dou-
ur de notre aimable Sauveur, et de tout ce
e l'Évangile nous rapporte de lui à ce sujet, et
montra d'une manière si pathétique, l'excel-
ce et la nécessité de cette belle vertu, qu'elle
de ce lion un agneau. Cette femme avouait en-
te que dans le temps que la Sainte lui parlait,
e voyait sur son visage la fidèle expression de
t ce qu'elle lui disait, et que ses yeux et sa voix
ient quelque chose de surnaturel dont la seule
e la retenoit depuis dans les bornes de la mo-
ation, aux moindres mouvemens de sa première
ssion, que son humeur bouillante et la longue
bitude, rendaient très-fréquent.

Elle exerçait cet humble apostolat, en toute oc-
sion, et à l'égard de toutes sortes de personnes.
sistant à la mort d'un homme de bien, elle s'a-
rçut qu'arrivé à l'agonie, il était agité de la plus
ve crainte des jugemens de Dieu, que dans cette
préhension, il tremblait et poussait des soupirs
équens. Elle tacha de le fortifier, en lui suggé-
nt tout ce qui pouvait ranimer sa confiance en la
vine miséricorde. Mais le voyant approcher de sa
, toujours pénétré de cette crainte qui s'était
nparée de son esprit, elle lui offrit généreuse-

ment une partie de tout le bien que par la gr de Dieu, elle avait fait durant sa vie pour suppl à ce qui pouvait lui manquer, afin de trouver gr au Tribunal de la Divine justice : le priant de faire connaître l'état de son ame après sa mort, a de lui continuer l'assistance de ses prières, s'il avait besoin. Cette charité compatissante calma to tes les anxiétés de ce pauvre mourant, qui exp dans la paix la plus admirable, et quelques jou après Dieu fit connaître à sa servante, que c homme jouissait de la vie des Bienheureux.

La charité est une vertu commune à tous l Saints, car elle constitue la sainteté, mais elle différens dégrés selon le mérite de chacun. O peut dire sans craindre d'être accusé d'exagér tion, que notre Sainte porta cette vertu jusqu'a degré le plus éminent. Sa charité envers les pauvr avait quelque chose de merveilleux, et l'on aura de la peine à concevoir, que pauvre elle-même elle pût secourir un si grand nombre de malheu reux, si l'on ne savait que la divine providence s plaît à favoriser et à seconder les efforts des am charitables. La vue d'un pauvre émouvait les en trailles compatissantes de Rose, qui ne pouvant de ses propres moyens soulager sa misère, s'empre sait de solliciter des secours étrangers. Cette jeun vierge, si timide, si retirée, sortait alors précip tamment de sa retraite chérie, et courait ch les grands et les riches de l'opulente cité de Lim La réputation de sa haute vertu et l'opinion géné ale de sa sainteté, lui donnaient entrée dans les remières maisons de la ville. Elle y était acueillie avec une sorte de respect qui allait jusu'à la vénération. Toutes les bourses lui étaient uvertes, et de grosses sommes d'argent lui étaient emises, dont la distribution était laissée à sa saesse. On n'attendait pas même toujours qu'elle e présentât : souvent, on lui envoyait quantité 'aumônes secrètes, plus que suffisantes pour subenir aux besoins des pauvres. Comme la plûpart e ces dons étaient spécialement désignés pour sa amille dont la détresse était connue de la noblesse u pays, notre prudente économe de la divine rovidence, avait soin de prélever la portion u'exigeaient les besoins réels de ses parens, et ppliquait le reste à toutes les bonnes œuvres que a conscience timorée lui dictait. Mais dans la réartition de ces dons, elle s'oubliait toujours elleième afin d'avoir plus à donner aux pauvres. Par ette sage prévoyance, et cet esprit d'ordre qu'elle nettait dans sa conduite, elle avait toujours des onds réservés pour les besoins imprévus. Il arriva ependant un jour que le trésor des pauvres u'elle administrait avec tant de régularité, se trouva puisé. La providence le permit ainsi pour relever e mérite de la charité de notre sainte. Dans cette irconstance, un pauvre homme réduit à une misère affreuse, vint réclamer ses secours, elle se riva de manger pendant huit jours, pour lui donier l'argent qu'aurait coûté sa nourriture.

Sa mère lui ayant livré une certaine quantit d'étoffe, pour se faire des voiles, des guimpe et autres nippes, elle s'en priva pour la donne à deux demoiselles très-vertueuses, qu'elle savai être dans une grande pénurie.

Le Seigneur approuvait quelquefois par d moyens miraculeux, la tendre sollicitude de cett mère charitable des infortunés. Une pauvre femme vint la conjurer pour l'amour de Dieu de lui donner quelques vieilles hardes, pour couvrir se petits enfans. Rose pénétrée du besoin pressant et bien plus encore du motif qu'on lui proposait sans autre réflection lui donna le manteau de sa mère, présumant que la forte inclination qui la portait à cette œuvre de charité, ne la fâcherait point. La sainte fille se trompait, mais pour la consoler de cette perte, elle l'assura que Dieu lui avait inspiré de secourir cette malheureuse femme, lui ajoutant que ce bon père ne tarderoit pas à l'en dédommager amplement. En effet le même jour un inconnu vint lui remettre cinquante francs. Trois jours après, la dame Marie de Sala lui envoya une pièce de la plus belle étamine plus que suffisante, pour faire un excellent manteau. Il n'y eût pas jusqu'aux religieux de saint Dominique que Dieu ne fit concourir à l'accomplissement de la prédiction de la sainte; ils envoyèrent en même tems, une quantité de serge comme pour prouver tous de concert, qu'elle était l'instrument de la divine providence dans ses pieuses libéralités.

Ce qui relevait cette charité si empressée à secourir tous ceux qui souffraient, c'étaient les soins et les services qu'elle prodiguait aux malades. Elle s'était faite l'infirmière de tous ceux qu'opprimait la douleur. Elle avait pratiqué dans sa maison, avec l'agrément de ses parens, un lieu où elle recevait ceux qui n'auraient pu être placés ailleurs. Une pauvre demoiselle affligée d'un horrible cancer, dont l'infection et la puanteur faisaient fuir tous ceux qui l'approchaient, éprouva la générosité de la sainte hospitalière. Elle l'attira dans sa chambre, la servit, la pansa avec tant de délicatesse et de zèle, qu'en assez peu de tems elle la remit dans une santé parfaite.

A défaut des malades qu'elle recevait chez elle, son infatigable charité, trouvait de l'exercice dans tous les quartiers de la ville. Elle se prêtait au secours de tous les genres de maux. Elle servait avec joie les filles ou femmes malades qu'elle rencontrait, faisant leur lit, pensant leurs plaies, lavant leurs pieds et leurs habits, préparant leur nourriture et même leurs remèdes ; et cela indifféremment, des Indiennes et des esclaves, comme pour les Européennes ; en un mot, toutes avaient un droit égal à sa charité. Peu lui importait pourvu qu'elle épanchât les effets de son amour sur tous les membres souffrans de son Sauveur. Elle conduisait à son hospice domestique les plus dénuées de tout secours ; rien de ce qui leur était nécessaire n'était oublié : dans le temps qu'elle soulageait le corps, elle soutenait l'esprit par de saintes réflexions, de douces exhortations, et d'utiles conseils. Plus ces femmes esclaves ou en liberté, étaient dégoutantes, par la nature de leurs maladies, ou de leurs plaies, plus elle s'attachait à leur donner le jour et la nuit des marques d'une sincère affection, qui leur faisaient verser des larmes de consolation et de reconnaissance. Mais c'est surtout dans l'hôpital public, qu'elle trouvait à exercer sa tendre compassion pour le prochain, ainsi que la mortification des sens. Elle recherchait d'abord les malades dont la saleté et les plaies rebutaient davantage sa délicatesse naturelle. Elle se fixait à leur lit et par toute espèce de services, elle s'efforçait de vaincre sa répugnance, ne se rebutant point des ordures et des insectes dégoutans qui s'attachaient à son linge et à ses habits.

Ce n'était pas au reste sans les plus violens combats qu'elle donnait l'élan à sa compassion pour les affligés, et qu'elle se prêtait avec ardeur à servir tous les malades. Sa complexion délicate, son éducation, la douceur et la gaîté de son humeur, portée à la joie et à la vue des objets agréables, lui donnaient une aversion naturelle pour ceux qu'elle avait presque sans cesse sous les yeux. Plus la nature éprouvait de répugnance, plus aussi elle la réprimait courageusement, et elle en triomphait par une sainte violence sur elle-même. Un jour ayant aidé à saigner une pauvre fille esclave, le sang qui jaillit sur ses habits y forma des tâches bleues et verdâtres qui lui firent bondir le cœur; mais se reprochant sa délicatesse, et voulant la vaincre, elle se retira dans sa chambre, et à l'imitation de sa Patronne sainte Catherine de Sienne, elle suça le sang et le pus dont ses habits et son linge avaient été salis.

Elle a prouvé par sa conduite édifiante à l'égard de toutes sortes de maladies, la vérité de cet oracle, que l'amour est plus fort que la mort. Parmi le nombre de ceux qu'elle servait, combien n'en a-t-elle pas retiré des mains du trépas, et cela bien plus par ses ferventes prières que par ses soins assidus, et les remèdes qu'elle leur administrait. Ces guérisons miraculeuses, sont attestées par les actes de sa Béatification, qui en rapportent des exemples frappans. On eût dit que pour couronner le mérite de la miséricorde qu'elle exerçait envers les malades, le souverain médecin avait mis dans ses mains, une vertu puissante pour les guérir. Sa seule présence suffisait quelquefois pour obtenir cet effet surnaturel, comme on le verra par le trait suivant, dont tout le peuple de Lima fut témoin.

DomJüan d'Almansa, seigneur des plus distingués du pays, se trouvant à l'extrêmité, à la suite d'une grave maladie, témoigna avec le plus vif empressement le désir d'avoir, avant de mourir, la consolation d'être visité de notre Bienheureuse, pour laquelle il avait l'estime et le respect les plus profonds. Rose l'ayant appris se rendit à son palais pour lui donner cette satisfaction. Comme elle entrait dans la chambre du malade, le visage de la Sainte lui parut tout radieux, et d'une beauté céleste : bientôt après, un sommeil profond s'empara de ses sens ; on crut aussitôt que c'était le sommeil de la mort, et l'alarme se répandit dans le palais. Mais c'était un sommeil véritable et bienfaisant dont le malade était privé depuis long-temps. A son réveil, l'espérance ferme qu'il avait conçue de sa sa guérison se réalisa si bien, qu'il se trouva dès l'instant même, en état de se lever; et il ne lui resta presque d'autre souvenir de sa maladie, que celui de la vive impression de l'air rayonnant de la Sainte, au moment de son entrée dans sa chambre.

Devrait-on être surpris qu'elle fût si favorable à tous les affligés puisque la bonté de son cœur s'affectait même du mal qu'on faisait devant elle aux animaux? Si cette sensibilité, paraît à quelques lecteurs une faiblesse trop naturelle dans une fille aussi avancée qu'elle dans les voies de la perfection, le trait suivant pourra changer leur opinion: Sa mère nourrissait un coq, à cause de la variété et de l'éclat des couleurs de ses plumes, et d'une espèce de fraise d'un vif incarnat qui entourait son cou ; ce n'était pas la rare beauté de cet animal qui le rendait cher à notre Sainte, mais c'est que sa vue excitait en elle des transports d'admiration pour la grandeur et la magnificence du Souverain Créateur, qui se manifestent dans tous ses ouvrages. Le coq ne chantait pas, il était couché, ne pouvant se tenir sur ses pieds; on résolut de le tuer. La tendresse de Rose en fut émue, et cédant à un mouvement de compassion pour cet animal, elle lui dit : « chante, mon pauvre petit, chante » donc, pour éviter la mort qui t'est préparée ; » aussitôt le coq docile à la voix de sa bienfaitrice, se leva, marcha et chanta, comme pour la remercier de la vie qu'elle lui avait sauvée.

CHAPITRE XI.

SA CONSTANTE ET INVINCIBLE PATIENCE.

La conduite de notre sainte fille, comme on a dû le remarquer, n'avait été jusqu'ici qu'un exercice continuel des plus belles et des plus solides vertus. Déjà elle avait fait des progrès étonnans dans les voies de la perfection ; Dieu l'appelait à lui depuis son bas âge. Afin de raffermir ses pas dans cette route semée d'épines, ce bon maître l'avait favorisée des grâces les plus privilégiées, qu'elle n'avait pas toujours pû cacher. Leur éclat lui avait attiré l'estime et la vénération de tous ses concitoyens, qui la regardaient avec raison, comme une ame des plus saintes qui fut alors sur la terre. Cette estime générale qui n'est que trop souvent le piège et la ruine d'une vertu commune, ne servait qu'à faire ressortir d'avantage l'humilité profonde de notre Sainte, ennemie déclarée des louanges, et la patience invincible dans les situations pénibles

6*

et douloureuses, dans lesquelles elle s'est trouvée durant tout le cours de sa vie, justifia tout-à-la-fois, et sa sainteté, et cette estime générale dont elle jouissait : car selon un Apôtre, la patience est comme le sceau et la perfection de toutes les autres vertus. Les détails où nous allons entrer, montreront que notre Sainte poussa l'exercice de cette vertu jusqu'à l'héroïsme.

Cette fille prodigieuse si supérieure à toutes les inclinations de la nature corrompue, semblait n'être née que pour souffrir, comme le présageait le nom de Rose qu'on lui donna. Ce nom fut tout mystérieux en elle, il exprimait à-la-fois la beauté de la rose, et les épines qui naissent avec elle, et en sont inséparables. Car si sa vie a été courte quant au nombre des années, elle a été très-longue quant à la multitude et à la rigueur des peines qui l'ont constamment traversée. Le Ciel et la terre, s'étaient comme accordés pour la tourmenter, et ce martyre l'accompagna partout et toujours. Si ses douleurs ont été différentes, soit dans leurs causes, soit dans leur nature, sa patience et sa résignation ont toujours été les mêmes ; au point qu'on eût pu croire qu'elle y était insensible.

Le Seigneur qui l'avait choisie pour être toute à lui se complaisait à la voir souffrir pour son amour. Nous avons vu quels tourmens lui firent endurer ces terribles agonies dans lesquelles il l'entretint durant quinze ans, deux heures chaque jour. Il l'éprouva aussi par des douleurs et des maladies qui commencèrent à son berceau, et ne finirent qu'avec sa vie. Elle avait à peine neuf mois que sa mère perdit son lait, et n'ayant pas le moyen de payer une nourrice, elle la soutint jusqu'à l'âge de la sevrer, avec un peu de bouillon, qu'elle distillait dans sa bouche peu-à-peu, avec bien de la peine, étant obligée de lui ouvrir la bouche pour l'y faire couler, ce qui faisait bien souffrir cette tendre enfant, qui cherchait à soulager la faim qu'elle endurait, en suçant son pouce d'un visage riant, sans jeter jamais une larme. Les tumeurs et les plaies qui suivaient les progrès de son âge, la rendirent de bonne heure, la proie des instrumens de chirurgie sans que les plus cruelles opérations eussent jamais altéré la sérénité de son visage. Elle fut durant trois ans clouée sur son lit, par une paralysie qui la tourmenta cruellement. Les fièvres, tantôt tierces, tantôt quartes, ne la quittaient jamais. Si nous ajoutons encore ce que les auteurs de ses actes rapportent des maux qu'elle a endurés dans son corps, on verra aisément, qu'elle était la digne épouse de ce Dieu crucifié qui l'avait choisie, et que les livres saints ont appelé l'homme de douleurs. Les accès de fièvres qui la consumaient étaient si violens, qu'elle paraissait être comme dans une fournaise. Ils étaient bientôt suivis de frissons si glaçans, qu'on ne concevait pas qu'elle pût y survivre. Ce qui étonnait davantage, c'est que la fièvre pût trouver matière à se nourrir et se conserver dans un corps aussi exténué.

Ce corps déjà si épuisé, avait néanmoins assez de forces pour résister à de nouvelles maladies, qui l'attaquant successivement, et quelquefois en même-temps, ne lui laissaient aucun repos. L'asthme, les douleurs habituelles d'estomac, une respiration très-gênée, lui donnaient des convulsions mortelles, qui la jetaient dans des évanouisemens dont elle revenait avec beaucoup de peines. Des esquinancies, des sciatiques, de fréquentes pleurésies, de cruelles douleurs aux entrailles, donnaient à chaque partie de son corps sa peine et son tourment. Mais ce qu'on aura peine à croire, et ce qui mettait le comble à tant de maux, c'est qu'un corps presque anéanti par tant de souffrances, de jeûnes et d'autres austérités, un corps ainsi desséché, et où il n'y avait plus d'humeurs, ait été encore la proie continuelle de la goutte, qui s'était attachée opiniâtrement à ses mains et à ses pieds, comme pour completter toutes ses souffrances, et son entière ressemblance avec son Sauveur attaché à la Croix.

C'eût été encore une bien douce consolation pour cette vierge crucifiée, si elle avait trouvé au sein de sa famille, ces sentimens de compassion et d'intérêt, qui auraient pu au moins la soutenir dans la rigueur de ses maux ; mais c'est ici au contraire, où le Seigneur qui voulait embellir sa couronne, et la présenter comme autrefois le saint homme Job pour un modèle parfait de patience, permit que ces peines fussent peut-être, les plus sensibles. A peine se tenait-elle sur ses pieds, et sa langue bégayait-elle, que le nom de Rose qu'on lui avait donné, fut pour elle le sujet d'une persécution journalière et bien fâcheuse, pour la contestation qui s'éleva entre sa mère et sa tante qui était sa marraine. Chacune s'obstinait à lui conserver le nom qu'elle lui avait donné : sa mère voulant absolument qu'on l'appelât Rose, et sa tante soutenant celui d'Isabelle, qu'elle avait reçu sur les fonds Baptismaux. Quoi que fît cette pauvre innocente pour calmer ces esprits échauffés, elle ne pouvait éviter d'être maltraitée rudement, lorsqu'elle répondait à l'appel de l'une et de l'autre. Si elle répondait à sa tante qui l'appelait toujours Isabelle, sa mère choquée la fustigeait sans pitié, et si elle répondait à sa mère qui lui avait donné le nom de Rose, sa tante se portait contr'elle aux mêmes excès.

Notre Rose était d'un naturel doux, affable et prévenant, bien différent de sa mère qui avait l'humeur bilieuse et colère. Dans cette opposition de caractère on ne se fait pas une idée de ce que souffrit cette sainte fille durant plusieurs années de la part de sa mère, qui lui trouvait à redire sur tout. Elle avait dans cette mère indiscrète, un censeur impitoyable de tous ses exercices, et de toutes ses pratiques de piété. Elle blâmait ses jeûnes et ses mortifications, ne pouvait souffrir son assiduité à la prière; encore moins sa vie retirée, et opposée aux vanités, et aux maximes du monde; et quelque effort que fît cette humble fille pour la satisfaire, et la gagner, elle ne pouvait y réussir. Sa mère emportée par sa passion poussait souvent les hauts cris; elle l'accablait des reproches les plus insultans, comme si elle eût été une fille de mauvaise conduite. Elle lui donnait des rudes soufflets, et lorsque son zèle pour Dieu se manifestait, alors elle ne gardait plus aucune mesure; elle la frappait à grands coups de poings et de pieds, et même elle en venait jusqu'à la charger de coups d'un gros bâton plein de nœuds, la frappant avec tant de force sur les reins qu'elle en était toute meurtrie, sans pouvoir se remuer. Ce fut lorsque notre Sainte coupa ses cheveux, après avoir fait son vœu de virginité, que commença cette inhumanité de sa mère, et qu'elle continua depuis avec le même excès, en bien d'autres rencontres.

Il est assez rare parmi les enfans d'une même famille, si elle est nombreuse, qu'il n'y en ait pas quelques-uns qui sympatisent entr'eux, et qui aient plus d'attraits pour celui qui avec lequel, l'âge, l'humeur, les goûts, lui donnent de l'inclination, et une affection plus marquée. L'amour de sainte Rose pour tous les siens était égal. Il n'était personne dans sa maison qui ne pût se flatter d'en être aimé sincèrement, cordialement et constamment, et qui n'en eût tous les jours les preuves les plus convaincantes : aurait-il pu se faire que celle qui n'était sans cesse occupée qu'au bien et à l'avantage des étrangers, eût oublié, ou eût négligé les intérêts de ses parens? Néanmoins il s'en fallait bien qu'elle fut payée de retour, par les membres de sa famille. C'était à qui la contrarierait davantage, à qui lui ferait le plus de mauvais tours, plus de malices pour la mortifier à tout propos. Tous étaient animés d'une espèce de jalousie et de dépit à son égard, et tandis que sa solide vertu était généralement applaudie de toute la ville, elle ne recevait dans sa maison que des affronts, des injures et des reproches amers. Les choses en vinrent au point, qu'on la menaça plus d'une fois, de la déférer au tribunal de l'Inquisition, comme une hypocrite, une fille abusée par le Démon, qui trompait le monde par de fausses et apparentes vertus. Certainement si elle eût été ainsi, elle n'aurait pas résisté à de si rudes assauts. Mais sa douceur et son invincible patience, prouvèrent mieux que toutes les faveurs qu'elle reçut du Ciel, la solidité de sa vertu, et la grâce de l'esprit qui l'animait.

Il fallait pour achever le martyre de notre Sainte, qu'à ses peines et désolations intérieures, aux persécutions de sa famille, vinssent encore se joindre les persécutions bien plus terribles du Démon. Cet ennemi commun des hommes, et surtout des ames saintes avait conçu pour cette vierge si pure et si éminente en sainteté, une fureur si effroyable qu'il la poursuivait partout, la nuit et le jour. Outre les longues et violentes tentations, les horribles pensées qu'il excitait dans son ame, afin de la détourner de l'amour et du service de son Dieu, il n'est pas de ruses et d'artifices qu'il n'employât presque tous les jours, pour la séduire, la décourager et la terrasser. Plus il voyait ses efforts impuissans, plus aussi il s'acharnait à la poursuivre par de nouvelles attaques : comme le grand saint Antoine au fond de son désert, Rose dans sa retraite de la maison paternelle, trouva le théâtre et le champ de bataille où le démon lui livra les plus terribles assauts.

C'était quelque fois dans le sommeil, d'autres fois dans le temps de ses oraisons, qu'il se montrait à elle, et qu'il l'effrayait par des spectres et des fantômes affreux ; souvent par des coups furieux et subits qu'il lui donnait au visage et sur le corps, comme si on la frappait avec des barres de fer, où qu'on lui jetàt sur la tête de gros cailloux qui la renversaient à demi-morte. Elle éprouva aussi sur ses membres de cruelles morsures, comme si les bêtes les plus féroces l'avaient déchirée. Et lorsqu'il lui apparaissait accompagné d'une foule infernale, elle se voyait traînée à terre, foulée aux pieds de ses ennemis, avec tant de violence et de cruauté, qu'elle eût pu croire être bientôt écrasée. Dans cette terrible situation, elle conservait toujours sa parfaite confiance en la bonté de Dieu, lui disant alors avec Job : « Que celui qui a commencé de me » réduire en poudre, achève, si telle est, mon » Dieu, votre sainte volonté. » Inébranlable dans ces sentimens, elle se croyait plus forte que tout l'enfer. Aussi défiait-elle ces monstres infernaux, de pouvoir vaincre sa constance. Ce qui les confondit un jour tellement, qu'après l'avoir horriblement maltraitée sur tout son corps, par les coups et les douleurs qu'ils lui firent ressentir, ils la laissèrent, désespérant de triompher jamais de la ferveur et de la force de son esprit.

Ce n'était pas toujours à force armée que les puissances de l'enfer s'approchaient ; c'était aussi sous l'aspect d'objets plus agréables, que l'ange de ténèbres essayait de la prendre dans ses filets ; il se transforma un jour en ange de lumière ; il lui apparut dans dans son jardin où elle se trouvait seule, avec un visage d'une rare beauté, un air riant et des manières charmantes, qui toutefois ne séduisirent pas la sainte fille. Depuis long-temps exercée dans les combats de la vie intérieure, et éclairée de la lumière divine, elle connut tout de suite la malice du serpent infernal, et l'éluda en fuyant précipitamment. Afin d'assurer sa victoire, ayant trouvé une chaîne de fer à la porte d'une chambre qui était au fond du jardin, elle s'y enferma, et mit son corps tout en sang avec cette chaîne, se plaignant à Notre-Seigneur de ce qu'il l'abandonnait ainsi seule, au pouvoir de son fatal ennemi. Son divin époux la consola par une voix pleine de douceur qu'elle entendait au fond de son ame : *Sache, ma chère fille, que c'est par ma grâce que tu as vaincu en cette occasion, et que si je n'eusse été avec toi, tu étais perdue.*

C'est parmi tant et de si fortes épreuves, tant et de si terribles combats, que par une invincible patience, notre Sainte posséda toujours son ame dans une paix parfaite. « Vérifiant ainsi ce qu'a dit » l'Esprit Saint, que la patience est meilleure que » le courage et la force, et qu'il vaut mieux être » maître de son ame, que de prendre des villes » d'assaut. » Ainsi toute sa vie ne fut qu'un tissu de peines et de douleurs, auxquelles elle n'opposa jamais que la douceur, la patience et la résignation. Par l'exercice de ces belles et difficiles vertus, et les actes qu'elle en faisait à tout moment, elle en avait acquis la sainte habitude; et c'est ce que ne comprenait pas ceux qui la voyaient souffrir avec tant de tranquillité, ils étaient portés à croire qu'elle ne les sentait pas, si peu on la voyait sensible en apparence. Mais elle qui connaissait le prix des souffrances, et qui avait lu que sainte Catherine de Sienne, n'était arrivée que par cette voie à sa parfaite union avec Jésus-Christ, au lieu de prier cette sainte de l'en délivrer, comme on voulait la porter à le lui demander, elle l'aurait plutôt priée de les augmenter, afin de lui ressembler davantage.

C'était une opinion assez commune dans toute la ville de Lima, qu'elle obtenait de cette sainte toutes les grâces qu'elle lui demandait pour elle, ou pour les autres. Une Dame des plus qualifiées et des plus pieuses de la ville, lui témoignant sa surprise de ce qu'elle n'employait pas son crédit auprès de cette Sainte, pour obtenir d'être délivrée des persécutions fâcheuses qu'elle essuyait, Rose lui répondit: qu'elle prisait plus les souffrances et toutes les persécutions qu'avait endurées sainte Catherine de Sienne, que ses consolations, et les douleurs sanglantes de ses stigmates, plus que les douceurs des extases et des faveurs qu'elle recevait de son divin époux; parce qu'il est honteux, ajouta-t-elle, à une épouse de Jésus crucifié, d'être un moment sans croix et sans douleurs. On ne saurait croire l'intérêt que notre Sainte inspirait à tous ceux qui la voyaient livrée à tant de souffrances; aux médecins qui suivaient le cours de ses maladies; à ses confesseurs qui connaissaient la rigueur de ses peines et de ses désolations intérieures; aux personnes enfin, qui savaient les amertumes dont l'abreuvait sa propre famille : tous étaient ravis et transportés d'admiration, en voyant cette faible fille si recommandable par tant de précieuses qualités, être cependant la victime de tant de maux, sans qu'elle proférât jamais une seule parole pour se plaindre de son sort; bénissant au contraire sans cesse le Seigneur de ce qu'il daignait la favoriser de quelques gouttes du calice de sa Passion. La joie et la sérénité qui étaient toujours peintes sur son visage, les forçaient d'avouer que parmi tant de maux, une constance aussi sublime était au-dessus des forces humaines, et qu'il n'y avait que la grâce puissante de celui qui la conduisait comme par la main, qui pût lui donner le courage et la force de supporter tant et de si rudes épreuves, et de désirer même de souffrir davantage, si c'était la volonté de son divin Maître; ce qui la portait à dire dans l'excès de ses peines, en tournant amoureusement ses regards sur un Crucifix qu'elle avait à ses côtés: *O mon Jésus, mon doux Jésus ! augmentez encore plus mes souffrances, mais daignez aussi augmenter en moi votre divin amour.* On a conjecturé que ce bon Maître exauça cette prière, qu'elle lui adressait si souvent; car un jour qu'elle priait avec une grande ferveur et des larmes abondantes, cet aimable Sauveur lui apparut, porté sur deux arcs-en-Ciel, tout éclatant de gloire, tenant à la main une balance d'or, dans laquelle il pesait d'un côté les souffrances des hommes, et de l'autre les grâces et les récompenses infinies qu'il leur promet; elle l'entendit aussitôt, qui relevait par les plus grands éloges, tout ce que les hommes souffraient pour son amour; et déclarait hautement qu'il n'y avait pas d'autre moyen d'aller au ciel, que d'y monter par l'échelle de la Croix.

Cette vision l'embrasa d'un amour toujours plus grand pour les souffrances, et la fortifia dans les douleurs de la paralysie qui termina sa vie dans une sorte de martyre. Elle aurait ensuite voulu, si on lui en eût donné la liberté, aller publier par toutes les rues et les places publiques, le prix et le mérite des Croix, des maladies, des pertes, et tous les avantages inestimables des afflictions que Dieu envoie aux hommes, et qu'ils regardent comme des malheurs, tandis qu'elles sont de grandes grâces de sa miséricorde et de sa bonté pour eux ; et que ce bon père, veut par ces maux passagers leur faire expier leurs péchés, et mériter par la patience, la possession du souverain bonheur.

CHAPITRE XII.

SA CONFIANCE EN DIEU, ET LA PROTECTION QU'ELLE EN A REÇUE DANS TOUS SES BESOINS.

QUELQUE admirables qu'aient été la constance et la résignation de sainte Rose dans toutes les situations extraordinaires et douloureuses où nous venons de la considérer, cette paix dont elle jouissait, et cette tranquillité qu'elle montra toujours parmi de si nombreuses douleurs, étaient produites par la confiance, autre vertu aussi précieuse que rare : notre Sainte la possédait dans le plus haut degré. « Comme » l'Apôtre, elle pouvait dire : je connais les des- » seins de celui pour qui j'endure tous ces maux ; » plus ils sont grands, moins j'en suis troublée, » parce que je sais à qui je me suis totalement » confiée. » * C'est de cette entière et parfaite confiance en Dieu, qu'elle tirait toute sa force, et les secours nécessaires aux états accablans où elle se trouvait sans relâche. C'est aussi dans cette confiance filiale que Dieu se plaisait à la voir s'abandonner absolument à sa volonté. C'est d'après cette

* 3. à Timothée c. 1. 12.

vue, qu'il a été si généreux, en grâces et en faveurs extraordinaires envers elle.

Comme cette Bienheureuse fille avait éprouvé souvent les effets singuliers de cette conduite paternelle de Dieu à son égard, c'était aussi un des motifs qui excitaient toujours plus sa confiance, dans quelque besoin, ou perplexité qu'elle se trouvât. Le premier mouvement de son cœur alors, était cette prière du Prophète qui lui était si familière : *mon Dieu venez à mon aide*, *Seigneur*, *hâtez-vous de me secourir*. Elle était toujours dans son cœur, si elle n'était pas dans sa bouche. Cette confiance absolue qu'elle avait en Dieu, ne lui a jamais permis de former le moindre doute, particulièrement sur trois choses, qu'elle était aussi certaine d'obtenir, que si elle en avait été assurée par une révélation évidente du Ciel. La première est, qu'elle n'a jamais douté de son salut; la deuxième, de la bonté et de l'amitié de Dieu pour elle; la troisième, du secours tout-puissant de ce bon Maître, dans toutes les nécessités et les dangers où elle pourrait avoir besoin de sa protection. C'en est assez pour qu'on ne soit pas surpris, ni de sa confiance, ni de la tranquillité qu'elle montrait dans tous les événemens qui lui arrivaient.

Elle fut une fois attaquée d'une crainte violente touchant le mystère inscrutable de la prédestination, qui est en effet capable d'effrayer, et qui a effrayé souvent les ames les plus constantes. Dieu ne la laissa pas long-temps dans cette anxiété ; il lui fit entendre dans le fond de son ame, ces consolantes paroles : « Sache, ma fille, que je ne » condamne que ceux, qui rejetant mes grâces, » que j'offre à tous, avec tant de bonté, veulent » eux-mêmes opiniâtrement se perdre, et se damner. Pour toi, continue d'en faire un bon usage ; » sois en repos, que ton esprit ne se trouble plus » de cette crainte. » Depuis cette tendre invitation, et un si précieux motif d'encouragement reçu de son divin Époux, notre Sainte vécu toujours dans la plus douce espérance qu'elle serait sauvée, par les mérites infinis de son aimable Sauveur. Sa confiance à cet égard était si ferme, que lorsque le docteur Castillo l'interrogea, comme nous l'avons dit, si elle avait eu quelque révélation particulière de Dieu qui l'assurât de son salut, la Bienheureuse Rose lui avoua avec une grande modestie, que Jésus-Christ son divin Époux, avait daigné lui faire connaître qu'il l'avait prédestinée à la gloire de toute éternité. Et lorsqu'elle fut au lit de la mort, accablée de douleurs inconcevables dans tout son corps, elle y reçut une assurance du Ciel, que son ame ne passerait point par le feu du Purgatoire, et que Dieu se contentait de toutes les douleurs qu'elle avait endurées pendant sa vie, et qu'elle souffrait encore alors, par la rigueur desquelles elle avait pleinement satisfait à sa divine Justice.

Dans un ravissement qu'elle eut étant dans la

cellule de son hermitage, elle vit autour d'elle la terre toute couverte de roses; comme elle était extrêmement surprise d'une si étrange nouveauté, qui charmait sa vue du spectacle du printemps, dans la saison rigoureuse de l'hiver, Jésus-Christ se montra à elle tout brillant de gloire et de majesté; il la combla de marques si expressives de bonté, d'affabilité et d'amour, qu'elle ne savait presque pas si elle tenait encore à la terre, ou si elle était arrivée à la suprême félicité. Ce bon Maître, dont les regards sont fixés sur les humbles, lui ordonna de ramasser toutes ses fleurs; elle obéit et les lui présenta. Il ne lui en demanda qu'une seule, et la tenant dans sa main droite: *Tu es toi-même cette Rose pour laquelle j'ai un soin tout particulier*. Cette vierge sacrée conçut facilément le sens de ces paroles, et dans l'excès de la joie qui la transportait, en voyant que son Dieu la comblait de tant de faveurs et la souffrait ainsi placée à sa droite, ce qui est le signe distinctif de ses élus, elle fit une couronne de toutes ces fleurs, et après l'avoir adoré en se prosternant profondément à ses pieds, elle la lui mit sur la tête; il la reçut avec un air riant, après quoi, il disparut, la laissant inondée de délices inexprimables.

Cette assurance que l'Époux céleste avait donnée à sainte Rose de sa persévérance dans la grâce et son amitié, il la renouvella dans diverses occasions, lui faisant connaître, qu'il l'avait confirmée dans son amour, si fortement qu'elle ne s'en séparerait jamais. Ce qui la porta à dire à son confesseur, une fois qu'il voulut l'éprouver à ce sujet, afin de s'assurer toujours mieux des dispositions de son ame : *Vous me persuaderiez plutôt, mon père, que je suis une pierre, que de croire que Dieu m'ait en horreur, ou en aversion, par la confiance qu'il a mise en moi.* Cette confiance intime et inébranlable lui donnait une force d'esprit imperturbable dans toutes les difficultés et les dangers où on est souvent exposé; il est arrivé qu'allant à l'Église, elle rencontrait des taureaux furieux, échappés de leurs liens; chaque passant effrayé s'enfermait dans le premier asile qui se présentait, tandis qu'elle, tranquille, s'appuyait sur la protection de celui qui veillait à sa garde.

Mais quelle n'était pas sa confiance pour les choses nécessaires à la vie; elle s'étendait aussi bien sur les objets les plus importans, que sur ceux d'un usage commun et fréquent. Un jour qu'il n'y avait dans sa maison ni pain, ni argent pour s'en procurer, elle ouvrit en assurance l'armoire, espérant que la bonté divine y pourvoirait. En effet, elle la trouva pleine de pains plus blancs, et d'une forme différente de ceux dont on usoit. Le miel, qui est au Pérou d'un usage journalier, ayant manqué, sa mère et ses frères qui avaient bien observé que le vase où on le tenait était vide, et qu'il n'y en restait pas une goutte, furent bien agréablement surpris lorsque Rose l'ayant découvert, après eux tous, le trouva en leur présence plein jusqu'aux bords, d'un miel délicieux, qui suffit au besoin de la famille pendant huit mois. Comme son père se trouvait malade, et accablé de chagrin de ce qu'il ne pouvait pas rendre une somme de cinquante francs qu'il devait, et qu'on le pressait vivement de rembourser, la sainte fille fut à l'Église exposer à Dieu la nécessité de son père; ensuite ayant pris le chemin de sa maison, elle y vit entrer un homme inconnu à tous ses parens, demandant à parler à M. Gaspard Florez et qui lui remit une petite bourse, où se trouvait précisément la somme dont il avait besoin pour payer sa dette. Ce n'est pas seulement dans cette occasion, que ses prières ont été utiles à ses parens, souvent très-gênés dans leurs affaires; sa confiance en Dieu leur a procuré dans beaucoup d'autres circonstances, des secours miraculeux, pour subvenir à des nécessités pressantes où ils étaient réduits.

Sa confiance sans bornes s'étendait à tout, comme son zèle; elle s'attachait plus encore aux intérêts de la gloire de Dieu, qu'aux affaires et aux besoins des hommes. Elle se chargea, quoi qu'elle fût elle-même bien pauvre, de fournir à la dépense nécessaire, pour la construction du Monastère de sainte Catherine de Sienne, qu'on voulait établir à Lima. Elle s'avança jusqu'à dire, qu'on n'avait qu'à creuser les fondemens, ramasser les matériaux, arrêter les ouvriers, et préparer tout ce qui était nécessaire à l'entreprise, et qu'elle paîrait tout. On s'imagine bien que chacun, selon qu'il était affecté, jugea l'engagement qu'elle prenait; on lui prêta les noms de présomptueuse, de téméraire, de visionnaire, et d'insensée, on en vint jusqu'à lui dire que hormis d'avoir perdu la raison, une pauvre fille comme elle, sans autres ressources que son excessive confiance en Dieu, voudrait imprudemment tenter, ne pouvait se charger d'une entreprise qui absorberait plus de cent mille francs. Rose, sans dévier un moment de sa confiance en Dieu, qui lui avait inspiré ce dessein et lui avait témoigné qu'il l'agréait et le ferait tourner à sa gloire, leur répondit à tous, et même à sa mère qui la maltraitait de paroles et de coups, qu'elle avait pour son engagement un garant tout-puissant, qui était le Maître de tous les trésors du monde. On verra ci-après, qu'elle ne s'abusait pas.

C'est enfin dans le soin et les secours qu'elle donnait aux malades, que paraissait évidemment sa confiance en la bonté de Dieu, et la générosité de ce bon Maître à lui fournir des moyens extraordinaires en récompense de sa charité. Elle s'appuyait tellement, sur sa bonté paternelle, qu'elle amenait dans sa maison, toutes les femmes malades qui réclamaient son assistance, sans s'inquiéter s'il y avait de quoi les nourrir, ni de quoi acheter les drogues et les médicamens nécessaires. Sa confiance en la divine providence ne fut jamais trompée; tous ses parens ont attesté, qu'ils ne se sont jamais trouvés plus à l'aise et mieux pourvus da toutes choses, que lorsqu'elle avait plus de malades à soigner.

CHAPITRE XIII.

DIEU LUI ACCORDE LE DON DE PROPHÉTIE ET ÉCLAIRE SON ESPRIT DE LUMIÈRES SURNATURELLES.

Les Auteurs ascétiques disent que l'amour est toujours communicatif, qu'il ne souffre pas de réserve, ni de secret entre ceux dont il unit les affections. Le Fils de Dieu, lui-même, ne donna pas à ses Disciples de preuves plus convaincantes de l'amour qu'il leur portait, qu'en leur disant, qu'il leur avait confidemment déclaré tous les secrets qu'il avait appris dans le sein de son Père. Il n'est pas surprenant que ce Dieu Sauveur, qui aimait sainte Rose d'une affection toute spéciale, et qui lui en avait déjà donné tant de marques, touché surtout de sa fidélité à correspondre à tous ses desseins sur elle, ait ajouté à toutes les faveurs qu'il lui avait faites, le don de prophétie avec d'autres connaissances et lumières surnaturelles, qui devaient la distinguer entre ses plus chers amis.

L'établissement du célèbre Monastère de Religieuses de l'Ordre de saint Dominique, sous le nom de sainte Catherine de Sienne, qui fut construit à Lima, par les vœux et les travaux de cette humble et fervente Vierge, est une preuve évidente de cet esprit de prophétie, que Dieu lui avait communiqué, dix ans avant qu'il fût commencé, ainsi que va le montrer le récit de cette fameuse fondation. Dieu qui voulait se servir de notre Sainte pour la réussite de cette œuvre si importante à sa gloire et au salut de tant d'ames, lui fit connaître à cet égard sa volonté d'une maniere si claire, si précise, qu'il semblait à l'entendre que tout était achevé, et qu'elle avait sous les yeux ce superbe édifice, jusques dans ses moindres détails. En lui révélant ce dessein, le Seigneur lui manifesta aussi les moyens dont il se servirait pour l'exécuter, de sorte qu'elle était dans une si grande assurance du succès de cette entreprise extraordinaire qu'elle n'eût pas le moindre doute à ce sujet. Bien plus, elle annonça dès-lors nettement, toutes les circonstances qui y avaient rapport.

Ainsi elle marqua d'abord le lieu où il serait bâti, et elle en crayonna le dessin et le plan géométral sur une table. Elle désigna les personnes que Dieu avait choisies pour l'y servir, en détermina le nombre, dans lequel fut comprise et marquée sa propre mère. Elle reconnut au visage celle que Dieu lui avait montrée devoir en être la première Prieure, et dès qu'elle la vit, elle l'embrassa toute transportée de joie, comme pour la consacrer par le baiser de paix, à cette charge pour laquelle Dieu l'avait choisie. Elle nomma encore le prêtre qui devait dire la première messe dans l'Église de ce couvent, et le désigna par des caractères frappans. Il semble qu'on eût pu lui dire, et on le lui dit réellement, et de toutes parts : mais après tout, les ressources pécuniaires, sans lesquelles tout cela n'est qu'un rêve, et une vraie chimère, où sont-elles ? Elle ne fut pas plus embarrassée en cela que dans tout le reste, parce que l'esprit du Seigneur qui l'animait, et dont elle était l'organe, y avait pourvu. Bien qu'il n'y eût alors aucune apparence humaine pour autoriser un pareil projet, elle répondit avec assurance qu'une dame des plus illustres et des plus pieuses de la province, (Madame Luce Guerra de la Daga) fournirait libéralement les fonds nécessaires à la fondation de ce Monastère. Cependant plusieurs obstacles semblaient devoir démentir sa prédiction. Car 1° la noble Dame qu'elle nommait, n'avait pas la liberté de disposer de son bien, son mari étant encore vivant. Elle était en outre chargée de cinq enfans assez jeunes ; quatre garçons et une fille. 2° C'est que le personnage qui avait été député à la Cour de Madrid, pour obtenir de sa Majesté Catholique, les lettres-patentes nécessaires pour l'érection de l'édifice, était revenu à Lima sans avoir rien obtenu. 3° Ce qui déroutait enfin tout le monde, et le portait à la critique et à la satire de notre Sainte, et de sa prophétie, c'est que les magistrats résistaient opiniâtrement, et invinciblement, à y donner leur consentement.

Ce qu'il y eût de plus admirable au milieu de tous ces raisonnemens, et des railleries d'un public incrédule et moqueur, ce fut la tranquillité et la paix de Rose, qui savait et voyait tout avec un calme bien autrement grand, que ne l'étaient les difficultés qui intriguaient cette foule de vains raisonneurs. Invariablement appuyée sur la parole de son Dieu, sur laquelle elle comptait uniquement d'après toutes les assurances qu'il lui en avait données par divers mystérieux symboles, elle espérait comme Abraham, contre toute espérance; inébranlable comme la montagne de Sion, dans sa confiance en la providence de Dieu. Elle ferma l'oreille à ce choc des opinions humaines. Aussi eût-elle la douce consolation de voir dans le ciel, la parfaite conclusion de cette œuvre qui lui tenait tant à cœur, et qui lui avait coûté tant de larmes et de soupirs. Dieu lui en fit goûter les fruits plus d'une fois même avant qu'elle quittât la terre en lui montrant par des signes non équivoques, la gloire qu'il tirerait des vertus, et de la perfection d'un si grand nombre de Vierges chrétiennes qui s'y consacreraient à son service et y vivraient dans la pratique fidèle des règles et constitutions, qu'elles y avaient embrassées.

La première connaissance qu'il lui en donna fut après une prière très-fervente qu'elle fit dans son hermitage, elle en sortit toute transportée d'amour pour Dieu et elle cueillit dans le jardin une quantité de roses qu'elle jeta dans l'air sans sortir de son profond recueillement, toute pénétrée de dévotion et poussant de fréquens soupirs que son ardent amour pour son Sauveur tirait du fond du cœur. Son frère l'ayant surprise dans cette action, et la voyant toute en larmes et presque hors d'elle-même l'obligea à lui en dire le sujet. Comme elle se refusa d'abord à le lui déclarer, il apperçut que toutes ces roses étaient suspendues en l'air et qu'après s'être séparées les unes des autres, elles se réunirent et formèrent toutes ensemble une belle croix et que les autres roses que sa sœur continua de jeter ainsi, s'unirent de même pour faire une très-agréable bordure à cette croix qui resta quelque temps suspendue à la vue de toute la maison. Dieu fit connaître à la sainte que ces roses indiquaient ce grand nombre de filles qui après avoir renoncé aux joies et aux vanités du monde, embrasseraient la croix de son fils dans le couvent dont il lui avait inspiré le projet. Ce qu'il lui confirma encore d'autres fois par plusieurs signes mystérieux qui en la fortifiant toujours plus dans sa confiance en lui, la rendait insensible à toutes les traverses que l'enfer lui suscita à cet égard. L'événement la justifia complétement. Le monastère fut bâti tout comme elle l'avait dit. L'illustre fondatrice fut dégagée de tous ses liens par la mort de son mari, et de tous ses enfans qui le suivirent d'assez près au tombeau, et la laissèrent seule maîtresse de tous ses biens. Les magistrats qui s'y étaient tant oppotés, la favorisèrent de tout leur pouvoir et en pressèrent l'éxécution avec un ardeur qui tenait du prodige. Tout cela s'étant fait cinq ans seulement après la mort de notre Sainte, on peut croire que son crédit dans le ciel, y a autant contribué, que ses désirs, et ses travaux sur la terre. On en fut si généralement convaincu, qu'on ne l'appela plus ce monastère que du nom de sainte Rose, ce que le bon esprit, la ferveur l'exacte régularité de cette sainte maison autorisa, par le nombre et le choix des sujets qui y furent admis. On y vit en effet deux cents Religieuses des premières maisons du Pérou, émules de l'esprit et des vertus de celle à qui elles croyaient devoir le bonheur de leur vocation.

On aurait dit souvent à l'entendre que cet esprit de prophétie lui était naturel tant on était persuadé du succès de ce qu'elle annonçait. Elle écrivit à un de ses frères que son épouse lui donnerait bientôt une fille qui apporterait en naissant, une rose vermeille sur le visage, lui recommandant de l'élever avec le plus grand soin, parce que cette fille serait une vraie servante de Dieu, qui avait des desseins particuliers sur elle par ce caractère surnaturel qu'il avait imprimé sur son visage : ce qui se vérifia dans la suite. Les actes de la béatification de notre Sainte fournissent une longue suite d'exemples de l'esprit prophétique que Dieu lui avait abondamment communiqué. On y remarque qu'elle voyait des choses qui se passaient en des lieux bien éloignés d'elle, comme si elles eussent été sous ses yeux. Elle en annonçait d'autres avec autant de précision et de détails que si elles étaient déjà arrivées. Elle a souvent assuré à des malades réduits à l'agonie, le recouvrement de leur santé, bien que les médecins eussent désespéré de leur guérison, d'après le cours du mal et l'inutilité des remèdes naturels. Elle a aussi prédit à un grand nombre de garçons et de filles l'état qu'ils embrasseraient dans la suite, en assurant à plusieurs que ce serait l'état religieux; ce qui était d'autant plus merveilleux qu'il y en avait parmi eux qui se trouvaient alors dans une disposition toute contraire, et même formellement opposée à cet état par les engagemens qu'ils avaient pris et qui les mettaient dans l'impuissance d'exécuter ce qu'elle leur prédisait.

Cette grâce lumineuse qu'elle avait reçu pour connaître les choses futures, Dieu la lui avait donnée encore pour connaître ce qui était le plus caché dans le fond du cœur de quelques-uns de ceux qui l'approchaient. Le père Villalobos de la compagnie de Jésus, homme d'un grand mérite, a déposé que la bienheureuse Rose lui avait plusieurs fois découvert dans cet esprit prophétique ce qu'il y avait de plus caché dans son intérieur, et qu'elle ne pouvait connaître qu'à la faveur d'une lumière surnaturelle. Le Père Philippe de Tapia Recteur du collège de Callas e la même société, a fait la même déposition, insi qu'une fille d'une haute vertu nommée Iichelle de Mesta qui avec une quantité d'autres ersonnes de sexe et condition différente, ont olennellement déposé que la Bienheureuse Rose eur avait découvert des choses de leur consience si secrètes qu'elle ne pouvait avoir conues qu'à la faveur de cette lumière céleste. 'est ainsi qu'elle annonça qu'un fort honnête entilhomme que le vice-Roi avait voulu éloigner e sa cour où sa vertu faisait ombrage, en le hargeant d'une commission difficile et périlleuse, serait bientôt rappelé avec honneur.

Elle connut de même l'artifice d'une négresse sclave qui soutenait effrontément qu'elle avait té baptisée dans la ville de *Panama*, d'où elle tait venue. Notre Bienheureuse la convainquit de ıensonge par des indices secrets, qu'elle lui onna de plusieurs choses qui se passaient dans on ame et dont personne ne pouvait avoir conaissance. Ce qui joint à ses pressantes exhortaıons toucha si fort cette malheureuse qu'elle se jeta ses pieds mouillés de ses larmes la conjurant de ıi faire donner le Baptême pour laver dans ses aux vivifiantes tous les désordres de sa vie pasée. On s'y refusa d'abord parce qu'on se méfiait le sa dissimulation, et dans la crainte qu'elle ne ît cette demande par quelque motif humain et ntéressé; mais notre Sainte à qui Dieu fit conıaître la droiture de ses dispositions et sa mort prochaine insista beaucoup pour qu'on se presse à le lui administrer. On n'eut qu'à en rendre Dieu les plus vives actions de grâces ; cette fortunée néophite étant morte le lendemain av toutes les marques de la contrition sincère ses fautes, et d'amour pour le Dieu qui l'av comblée de tant de bienfaits, ainsi que de gratitude pour la Bienheureuse Rose qui lui avait fa ouvrir les portes du ciel.

Ces lumières extraordinaires que Dieu lui donnait pour le salut et l'avantage des autres, il n le lui refusait pas pour ce qui l'intéressait ell même. Il voulut bien lui apprendre lui-même sans maître, à écrire comme il avait fait à saint Catherine de Sienne ; il lui donna surtout un connaissance si claire et si précise du temps, d lieu ; du jour et de l'heure de sa mort et d toutes les circonstances particulières qui devaien arriver à cet heureux moment, qu'elle en parla de même que de ses funérailles, avec une joi singulière, et comme si toutes ces choses s'étaien déjà passées sous ses yeux.

CHAPITRE XIV.

DE SA DÉVOTION AU SAINT SACREMENT DE L'EUCHARISTIE

Le corps sacré de Jésus-Christ, caché sous les voiles Eucharistiques était tout à la fois l'obje pécial de l'amour, et du culte de sainte Rose, la source précieuse et abondante de toutes les grâces et les faveurs qui l'ont élevée à ce haut degré de sainteté où elle est parvenu, et où elle aurait pu dire comme saint Paul, *ce n'est plus moi qui vis, mais c'est J. C. mon époux qui seul vit en moi*, tellement la grâce de ce divin Sacrement l'avait changée et transformée toute en lui. Dans l'amour séraphique et l'ardente dévotion qu'elle avait pour cet ineffable mystère, elle aurait voulu établir sa demeure perpétuelle aux pieds des autels où il est placé. C'était le lieu de son plus doux repos et de ses véritables délices. Elle y était si absorbée en lui par la pensée de tout ce qu'il est et de tout ce qu'il a fait pour nous, qu'elle paraissait oublier les liens de la mortalité qui la retenaient encore. Quand on fesait l'exposition et les prières des quarante heures, elle se rendait à l'Église dès qu'on en ouvrait les portes, et n'en sortait que jusqu'à ce qu'on les fermât, sans penser à prendre aucune nourriture; quoique les chaleurs excessives du pays, et le feu violent qui brûlait ses entrailles demandassent qu'elle prît un peu d'eau pour se rafraichir. Le feu de son amour bien autrement vif la forçait à s'en priver. C'était aussi la règle qu'elle gardait tous les jours de l'octave de la fête-Dieu. Une de ses autres pratiques était de demeurer le jeudi-saint en adoration auprès du lieu où est placé le saint Sacrement dans les Églises, elle y était durant vingt-quatre heures immobile dans un profond respect qu'elle n'osait ni s'asseoir, même s'appuyer contre la muraille, malgré grande faiblesse. A la voir ainsi debout, les yeux baignés de douces larmes et parfois élevés vers le ciel et à l'entendre soupirer dans l'amertume de son cœur on l'eût prise pour un autre Magdeleine se tenant auprès du tombeau de son Sauveur, attachée par les chaines invisibles de son amour pour lui.

Toutes les fois qu'elle entendait la cloche annonçant qu'on portait le saint Viatique aux malades elle était transportée d'une incroyable allégresse qui se répendait sur son visage : elle ne se possédait pas en pensant qu'elle était appelée à faire la cour à son Roi et à l'accompagner. Si elle rencontrait dans les rues, elle se prosternait face contre terre en quelque lieu qu'elle fût ; après l'avoir adoré, elle le suivait chez les malades ensuite à l'Église avec une telle satisfaction qu'elle semblait prendre une nouvelle vie. Aussi ne perdait-elle aucune de ces occasions qui ranimaient en quelque sorte toute sa ferveur son amour. Tout ce qui servait à l'autel ou l'auguste sacrifice du Fils de Dieu, lui était dans la plus haute vénération. Elle lavait avec le plus grand soin les nappes de l'Église ; faisait et réparait les ornemens sacerdotaux avec une adresse et un goût exquis ; elle fesait et brodait des fleurs d'or et de soie pour y mettre dessus et n'ayant pq ût le temps nécessaire pour terminer ces ouvrages, bligée de travailler pour subvenir aux besoins de es parens, elle employait une partie des nuits à es pieux travaux, où son amour pour son Sauveur t sa ferveur recevaient un nouvel accroissement.

Mais rien n'était comparable à son ardeur et à on empressement pour la sainte communion, lle la recevait ordinairement trois fois la semaine, ssez souvent cinq fois, et selon les divers états où lle s'est trouvée, ses confesseurs lui ont accorlé et même ordonné de communier tous les jours. Comme les fruits de cette nourriture sont toujours roportionnés aux dispositions qu'on y apporte et la manière de s'y préparer, c'est à cette prépaation prochaine et éloignée que notre Sainte donait toute son attention et c'est en cela qu'elle doit tre proposée pour modèle à tant de filles qui s'en pprochent souvent par routine, plus empressées multiplier le nombre de leurs communions que elui des actes et des pratiques qui seuls peuvent es rendre fructueuses et agréables au Dieu qu'eles reçoivent. Rose profondément pénétrée de la ainteté de ce grand Dieu, qui daignait s'unir à lle enviait aux anges leur pureté et leur amour orsqu'elle le recevait. Afin de se purifier toujours lus des taches de son ame, elle s'approchait ouvent du bain sacré de la Pénitence, mais 'était avec un cœur tellement contrit et humilié, vec une telle abondance de larmes, que ses confesseurs l'auraient crue une grande criminelle s'ils ne l'avaient si bien connue. Elle jeûnait rigoureusement et pour l'ordinaire au pain et à l'eau ; elle se donnait la discipline jusqu'au sang, la veille de ses communions ; voulant par ces austérités imiter son divin époux immolé en qualité de victime dans ce mystère.

Bien avant l'aurore du jour de ses communions elle allait au devant de son Sauveur, tenant son cœur comme une lampe ardente dans ses mains par une grande quantité de saintes affections qu'elle y entretenait, et par diverses oraisons jaculatoires, vives et courtes dont elle avait pris la sainte habitude ; elle les variait sans effort d'esprit ; son cœur constamment uni à Dieu lui en fournissait toujours de nouvelles ; elles étaient l'expression fidèle de sa foi, de sa confiance, de son amour ; mais surtout du désir inexprimable qu'elle avait de ce vrai pain de vie ; chacune de ses communions était faite comme si c'eut été la dernière de sa vie. Le feu qui paraissait sur son visage démontrait que ses actes, ses aspirations n'étaient pas de vaines formules. On y voyait briller quelquefois des rayons de lumière qui l'environnaient, et dont la splendeur imprimait le respect et la crainte, aux prêtres qui la communiaient. Ses confesseurs l'ont quelquefois obligée à leur déclarer les effets que ce divin Sacrement produisait en son ame. Elle obéissait ; mais elle restait courte à chaque fois, tant elle avait de peine à trouver des expressions capables de rendre les vrais sentimens qu'elle éprouvait dans son intérieur ! Néanmoins pour leur en donner quelqu'idée elle leur disait : qu'il se faisait un transport subit de son esprit, de son cœur, et de toute elle-même en Dieu ; transport accompagné de joies si délicieuses, que tous les plaisirs des sens n'avaient rien de comparable au goût et aux douceurs de ce sacré banquet, où Dieu partage son bonheur avec sa faible créature.

Elle leur ajoutait qu'elle y était parfaitement rassasiée et qu'elle y trouvait des forces si extraordinaires qu'après être allée à l'Église faible et chancelante et avoir été obligée de se reposer au milieu de la nef dans l'impuissance d'arriver à l'Autel, elle était sortie de la Sainte Table avec une vigueur qu'elle ne pouvait concevoir ; ses parens qui l'avaient vue sortir de sa maison, haletant et se traînant à peine étaient tout surpris de la revoir agile, ferme dans sa démarche et brillante de santé. Toutes les personnes de sa famille ont manifesté leur surprise à cet égard. Ainsi notre Sainte participait à la force du Prophète Élie après qu'il eût mangé le pain que le Seigneur lui avait préparé.

A son retour de l'Église elle s'enfermait de suite dans son hermitage ou dans sa chambre. Là elle demeurait retirée, sans prendre aucune espèce d'aliment jusqu'au soir, et souvent jusqu'au lendemain, malgré qu'elle eût jeûné la veille ; et si on la pressait de manger elle déclarait qu'il lui était impossible de le faire tant elle était saintement rassasiée. On observa aussi qu'elle a passé quelquefois huit jours sans autre nourriture que celle du pain des Anges. Pour satisfaire son amour et sa dévotion envers ce grand Sacrement, elle entendait toutes les messes qu'on disait à l'Église depuis le matin jusqu'à midi.

Mais le plus beau trait de sa foi et de son amour envers cet adorable mystère est celui que nous allons raconter. Une puissante flotte Hollandaise parut tout-à-coup sur les côtes du Pérou. Les premiers vaisseaux étaient si près de Lima, que les habitans du pays crurent apercevoir que les chaloupes de l'Amiral et des autres navires avaient déjà débarqué sur le rivage quantité de soldats. La plus grande terreur se répandit partout : on n'entendait que cris et que sanglots : chacun courait confusément sans savoir quel parti prendre. Au milieu de cette alarme générale on voyait les hommes courir précipitamment aux armes, et les femmes éplorées prendre la fuite tenant leurs enfans dans les bras. Dans cette désolation publique, un objet infiniment plus grand et bien plus digne de tout son amour, et de la générosité de son cœur, parut occuper uniquement notre Sainte. Dans l'ardeur des flammes du zèle et de la charité qui l'animaient, elle ne songea qu'à sauver son Dieu, de la profanation et des outrages dont les ennemis de sa gloire le menaçaient ; elle résolut de faire un rempart de son corps au sacré tabernacle où son unique bien reposait. Prête à se laisser mettre en pièce pour le défendre, ou du moins afin de donner tout son sang pour soutenir la vérité de ce dogme sacré, et beaucoup moins affligée des maux qui se dirigeaient sur sa patrie, que de ceux qui dévasteraient les Autels et les Temples de son Sauveur.

Dans cette vue, elle quitte sa chaussure, retrousse sa longue robe, parcourt les rues de la ville, le visage enflammé comme un Séraphin, les yeux brillans d'une lumière céleste, afin d'animer au combat pour la défense de l'Arche Sainte les autres vierges compagnes de sa piété. Elle les exhorte d'un ton de voix si touchant, et avec des paroles si puissantes, qu'on voyait bien qu'elles étaient suggérées par celui qui sait quand il veut donner aux enfans même l'éloquence et la grâce de le bénir et de le louer. Il est aisé de concevoir les impressions que fit une si pressante exhortation. Rose leur paraissait comme autrefois Moyse toute rayonnante de la gloire céleste; et ce fut après cet acte généreux qu'elle fut se prosterner aux pieds de l'Autel pour attendre l'heureux moment où elle serait immolée pour la gloire de l'Agneau Divin qui s'est immolé pour nous. Mais ce Dieu de bonté se contenta du sacrifice de ses désirs et de son amour. Touché de ses instantes prières, il délivra la ville des horreurs qu'on redoutait si justement. Dans le temps que la Sainte était dans ces dispositions toute dévouée et résignée aux volontés de l'arbitre Souverain de nos destinées, on vient lui annoncer que la flotte avait levé l'ancre et qu'elle s'était retirée sans avoir fait aucun acte d'hostilité.

Autant la douleur avait été grande et profonde autant la joie fut vive et universelle. Parmi les actions de grâces et les bénédictions qu'on rendait à Dieu d'une si heureuse protection, Rose, dont on connaissait tout l'intérêt et la part qu'elle y avait prise ne fut pas oubliée. Dans les transports de cette allégresse publique on lui disait comme autrefois les habitans de Béthulie à Judith : * « Vous êtes le juste sujet de notre joie ; » vous êtes l'honneur de notre peuple vous serez » bénie dans la suite de nos générations jusqu'à » la fin des siècles. » ** Néanmoins quoiqu'elle applaudit à de si louables sentimens envers l'Auteur de tout bien, elle était insensible à tout ce qui pouvait lui en revenir à elle même. Elle concentrait dans le fond de son ame la vive douleur qu'elle éprouvait d'avoir manqué cette occasion de verser son sang pour la gloire de son Créateur. Ce désir véhément du martyre ne la quitta pas un instant de sa vie; tous les jours elle en demandait à Dieu la grâce. Elle regrettait avec des effusions de larmes continuelles de n'être pas née dans le

* Judith 15. v. 10 et 11.

** C'est apparemment pour faire allusion à ce trait de sa vie, que l'Église a placé ce passage des livres saints dans l'Office de sa fête, pour l'ordre de saint Dominique.

temps des persécutions, et comme la paix dont l'Église jouissait alors, lui laissait peu d'espoir à ce sujet, elle n'était pas capable cependant d'étouffer ce désir de son cœur qui la portait à dire souvent toute en larmes à une illustre Dame de haute vertu qui était dans son intimité : *Plût à Dieu que je pusse trouver l'occasion et les moyens de m'enfuir dans les pays des infidèles pour mourir de la main de ces barbares, et donner mon sang pour l'honneur de J. C. mon cher Époux.*

CHAPITRE XV.

DE SON AMOUR EXTRAORDINAIRE POUR JÉSUS-CHRIST, ET DU MIRACLE QU'ELLE LE PRIA DE FAIRE POUR TOUS LES HOMMES.

Le pieux Auteur de l'Imitation a très-bien dit en parlant de l'amour Divin qu'il est comme une flamme ardente qu'on ne peut retenir, et qui redouble son ardeur par tout ce qu'on lui oppose pour l'arrêter, tant que son cœur trouve d'aliment. Il en était ainsi dans le cœur de sainte Rose : cette flamme du divin amour que Dieu y avait allumée se fortifiait toujours davantage, parce que tout servait à nourrir sa charité. Les épreuves diverses qu'il lui avait ménagée, les faveurs singulières dont il l'avait comblée augmentaient toujours son amour pour lui. Ce feu sacré qui était caché dans son cœur, paraissait souvent au dehors sur son visage et dans ses yeux, surtout lorsqu'elle était occupée à l'oraison. Elle tâchait d'en soulager les ardeurs par des soupirs fréquens. On l'apercevait par tout ce qu'elle faisait ou disait : ses oraisons jaculatoires presque continuelles étaient comme autant de flèches embrasées qu'elle envoyait au Ciel. Il n'y avait aucune de ses actions même les plus pénibles qui ne respirât la force de l'amour Divin qui l'animait, ardeur qui se communiquait à ceux qui la voyaient agir. Cet amour donnait à tous ces discours une onction si puissante, et à toutes ses paroles une grâce si grande, qu'on regardait comme un grand bonheur de pouvoir s'entretenir avec elle quelques instans. Le seul plaisir qu'elle y trouvait, était d'entendre ou de pouvoir parler de Dieu, du bonheur de l'aimer en union de son adorable Fils. Si on s'entretenait en sa présence d'autre chose, elle avait l'adresse de tourner adroitement l'entretien sur cet objet essentiel qui l'intéressait uniquement ; sur l'obligation où nous sommes de l'aimer de toutes nos forces, de le servir fidèlement, et d'éviter tout ce qui peut lui déplaire. Malgré son grand attrait pour le silence, on observait qu'elle était en cela admirablement éloquente en peu de paroles, qui ressemblaient à des traits de ce feu divin, qui, sortant du fond de son cœur, allaient embraser celui de ses auditeurs. On voyait aisément que sa langue était l'interprète de son ame.

C'est lorsqu'elle était seule dans son oratoire

qu'elle donnait l'essor à tous ses élans d'amour pour son Dieu. Elle invitait par de vives apostrophes les diverses créatures à s'unir à elle pour bénir et louer chacune à sa manière le souverain Créateur de toutes choses. Elle passait communément deux ou trois heures dans ces saints et agréables transports que sa belle voix relevait encore davantage. Cet édifiant concert auquel elle ajoutait la symphonie de la harpe dont elle s'accompagnait fort bien, fesait de ce modeste appartement, un échantillon du Paradis, de l'aveu de ceux qui à son insçu venaient l'entendre avec sa famille. Son amour privilégié pour le divin Époux paraissait éminemment dans le zèle qu'elle avait à défendre son honneur et à soutenir tout ce qui concernait sa gloire. On se fut bien gardé dans sa maison, ni en sa présence dans les sociétés où elle était obligée de se trouver quelquefois, de se permettre des propos contraires au respect dû à son Nom adorable, à la sainteté de nos mystères, ou aux vérités de la religion. On la connaissait assez pour être assuré d'avance qu'elle les aurait relevés d'une manière aussi modeste qu'imposante, par la force et les lumières que Dieu lui avait accordées. Elle n'était pas moins sensible à tout ce qui aurait pu blesser le moins du monde la belle et l'aimable pudeur; il est vrai que sa présence seule en inspirait le goût et l'amour; et ce qu'on ne pouvait se lasser d'admirer, c'était de voir réuni tant de grâces et de beauté dans tous ses traits, avec tant de candeur et de modestie.

C'était dans l'Église en la présence de son doux Sauveur qu'elle eût désiré que les cœurs des fidèles se fussent dilatés et confondus d'amour pour lui. Rien ne l'affligeait plus que lorsqu'elle voyait manquer à ce respect. Elle en témoignait aussitôt sa peine et sa surprise sans qu'aucune considération fût capable de l'arrêter. « Il serait « honteux à un enfant disait-elle à ce sujet, et « on le regarderait comme un dénaturé de souf- « frir qu'on manquât en sa présence au respect « dû à son père. » Tout ce qui blessait l'honneur de ce divin Époux de son ame lui était si sensible, qu'elle répandait des larmes amères sur les injures qu'on lui fesait dans le monde. On s'en apperçut dès son enfance, lorsqu'elle entendait ses frères et sœurs chanter des chansons profanes, ou réciter des pièces de théatre. Ces larmes étaient pour elle si précieuses, qu'elle dit un jour à ce sujet : qu'elles étaient une portion du domaine et du trésor de Dieu, et une monnaie avec laquelle les hommes pouvaient acheter le royaume du Ciel. Ce qui la porta à dire à sa mère qui en répandait un jour sans motifs : *Ah ! ma chère mère, si vous connaissiez la valeur de ces larmes, vous en seriez plus avare. Vous les déposeriez dans les trésors de Dieu pour vous en servir au besoin pour votre salut.* Si elle était inconsolable des outrages qu'on fesait à son maître elle était aussi transportée de la joie la plus vive des victoires que sa grâce remportait sur le cœur des pécheurs qui revenaient sincèrement à lui.

Lorsqu'elle voyait qu'on se portait à son service avec empressement et avec amour, on eût dit par la joie qu'elle ne pouvait contenir, que son propre salut en dépendait. Une pauvre Religieuse séduite par le Démon avait abandonné scandaleusement son monastère et vivait malheureusement dans le monde, touchée ensuite de la grâce qui agita son cœur, elle retourna à sa première vocation. Rose l'ayant appris témoigna un contentement et une satisfaction plus grande du retour de cette brebis égarée, dans le bercail, que si on lui eût donné la couronne de tous les états de l'Amérique, parce que Dieu lui fit connaître la future sainteté où parviendrait cette ame sincérement convertie.

Son confesseur fut attaqué d'une fièvre violente peu avant un sermon fort intéressant qu'il s'était engagé à prêcher devant ce qu'il y avait de plus distingué dans la ville. Rose ayant appris son état fâcheux conjura instamment son aimable Sauveur de lui faire souffrir à elle toute l'ardeur de cette maladie, afin que son serviteur en étant délivré pût remplir sa mission et que tant d'âmes ne fussent pas privées des fruits qui leur en reviendraient. Elle fut complétement éxaucée : le prédicateur se prépara et parla avec le plus grand succès, tandis que la Sainte subissait le cours et les angoisses de la maladie dont son intercession l'avait délivré.

Ces faveurs singulières par lesquelles Jésus son divin Époux lui faisait voir combien il était touché de l'amour empressé et toujours plus vif qu'elle avait pour son auguste personne, outre qu'elles la rendaient toujours plus avide de sa gloire, lui donnaient encore une sainte hardiesse à lui en demander de nouvelles et de plus étonnantes. L'amour divin, a dit le pieux auteur de l'Imitation, est une grande chose, *Magna res est amor* *; il pousse les ames à de sublimes actions, il désire toujours ce qu'il y a de plus parfait. *Dilatez mon cœur*, dit-t-il à Dieu, *dans votre saint amour afin que je n'aime que vous, ô mon Dieu, et que j'aime en vous, et pour vous, tous ceux qui vous aiment véritablement*. Mais cette vie sainte d'amour dont vivait notre Bienheureuse est, ajoute le même auteur, toujours accompagnée de souffrances. En effet c'était une bien cruelle douleur pour elle lorsqu'elle considérait tout ce que l'amour infini de Jésus a fait pour les hommes, et qu'elle voyait d'un autre côté le peu d'amour et de correspondance que le plus grand nombre de ses ingrates créatures ont pour les bienfaits de cet aimable Sauveur. C'est ici que dans la force et la générosité de son amour pour

* Lib. 3. cap. v.

lui elle aurait voulu être en possesion du cœur de tous les hommes afin de les embraser de cet amour dont elle était si fortement pénétrée elle même. Comme autrefois Moïse et ensuite le grand Apôtre, elle eût désiré d'être anathême pour le salut de tous les hommes. Ne consultant donc que son amour, après de longues et d'instantes prières, après des larmes intarissables, elle conjura cet aimable Rédempteur de faire un miracle pour toucher le cœur de tant d'âmes insensibles à ses bienfaits, et de les embraser du feu de son divin amour. Il est vrai que le feu divin que ce Dieu Sauveur est venu allumer sur la terre y était déjà bien affaibli du temps de notre Sainte. Mais il semble qu'elle prévoyait à l'éclat des lumières qu'il lui communiquait, qu'il devait venir bientôt des jours si désastreux, où il semblerait presque éteint et que J. C. qui s'est consumé d'amour pour tous ne serait presque plus connu sur la terre.

Si cette prière ne fut pas exaucée dans toute l'étendue de sa demande, ce bon maître lui fit connaître qu'elle lui était très-agréable par l'événement merveilleux que nous allons raconter. Ce miracle eût autant de témoins qu'il y eût d'habitans dans Lima qui voulurent s'en convaincre. Le 15 avril 1617 quelques mois avant sa mort, sur les cinq heures du soir, Rose étant venue prier à l'Église accompagnée de l'Épouse et de la fille de Dom Gonzalès *de la Massa* receveur du fisc Royal, comme elle était, dans la ferveur de son oraison, prosternée devant une très-belle statue de Jésus-Christ, elle entra dans des transports d'amour si extraordinaires qu'elle parût toute en feu; ne pouvant contenir l'ardeur qui brûlait son cœur elle se leva pour le soulager et s'entretint avec son Sauveur par les colloques les plus affectueux sur l'objet qui lui tenait tant à cœur. Elle le conjurait avec des expressions ravissantes, de toucher le cœur des hommes, de les percer et de les embraser des flèches de son divin amour. *Faites ô mon Dieu qu'ils vous aiment après que vous les avez tant aimés.* Tous ceux qui étaient dans l'Église, s'étaient déjà rapprochés et bientôt il en vint bien davantage qui se succédaient les uns les autres. On observa qu'après qu'elle eût commencé sa prière, la face de cette belle statue fut couverte d'une sueur abondante qui sortant de la tête et du cou se répandait sur les cheveux et les draperies; les gouttes de sueur avaient la forme d'une perle, et plus on s'empressait à les essuyer, plus elles se multipliaient. Cet événement si merveilleux dura plus de quatre heures sans discontinuer, et attira la curiosité de toute la ville, et comme la sueur devenait toujours plus abondante jusqu'à mouiller toute l'image et le pavé, le fait fut juridiquement et rigoureusement examiné dans tous ses détails. Les artistes qui avaient fait et coloré la statue furent appelés et scrupuleusement interrogés, et on observa après tous ces préalables:

Qu'un fait aussi singulier et aussi frappant,

aucune cause naturelle parce que le lieu où se trouvait la statue était très sec ainsi que sa matière, et que d'ailleurs la quantité de la sueur et le soin qu'on avait mis à l'essuyer avec des linges qu'on changeait toujours de nouveau, loin de donner à cette vénérable figure ce nouvel éclat que chacun admirait, aurait dû au contraire en effacer toutes les couleurs. On convint donc et jugea qu'il y avait certainement du prodige et que le Seigneur en donnant à la sainte une preuve si touchante de son amour pour elle, avait aussi prétendu convaincre de sa bonté et de sa miséricorde, cette foule des spectateurs et de témoins qui se rendaient coupables d'une résistance criminelle aux efforts de sa tendresse pour eux. Si les effets que produisit cet évenement ne furent pas les mêmes sur tous, il y en eût cependant un très-grand nombre dont les cœurs furent changés, à mesure que leurs yeux étaient frappés de ce ravissant spectacle. Ils attestèrent qu'en même temps que cette image était trempée de ces eaux surnaturelles, ils sentaient dans leurs cœurs de vives ardeurs d'un feu divin qui les pénétrait de la douleur sincère de leurs péchés et du ferme propos d'en faire pénitence.

Ce miracle fut suivi d'un autre qui s'opéra sur Rose elle-même. Voulant s'éloigner de la foule, accourue à l'Église au bruit de ce prodige, dans l'empressement qu'elle mit à retourner dans sa chère retraite pour se dérober aux louanges qu'on lui prodiguait, elle fit une chute si fâcheuse qu'elle en eût un bras dangereusement offensé. Les chirurgiens craignirent que la fracture ne fut mortelle ou du moins que la Sainte n'en restât estropiée le reste de sa vie. Pleine de confiance en son Sauveur, avant toute autre opération elle désira user d'un appareil de la vertu duquel elle était comme assurée : ce fut d'appliquer sur sa blessure un peu de coton trempé dans la sueur de l'image de son doux maître. Mais dans son amour extrême pour les souffrances, elle voulut ne s'appliquer ce remède qu'après que son confesseur l'aurait approuvé. L'approbation ayant été donnée, la guérison fut aussi prompte et aussi parfaite que le mal était grand et dangereux. Les chirurgiens qui doutaient fort du succès des moyens qu'elle se proposait d'employer, attestèrent volontiers le miracle d'une guérison aussi instantannée en la voyant remuer le bras, la tumeur disparaître, les nerfs rentrer à leur place, les muscles s'étendre, les cartilages se fortifier sans douleur et dans un état meilleur qu'auparavant.

CHAPITRE XVI.

SA DÉVOTION AU SIGNE DE LA CROIX.

La foi dit l'Apôtre donnait à Moïse un si grand respect pour le Dieu qu'il servait que tout invisible qu'il est, elle le lui montrait toujours présent comme s'il l'eût vu de ses yeux dans la splendeur de sa gloire. Cette même vertu, fondement de toutes les autres, était si avant dans le cœur de notre Sainte, qu'elle paraissait être le soutien de sa vie et le mobile de toutes ses actions. Bien qu'élevée au dégré de la plus haute contemplation elle s'abaissait avec plaisir et avec le respect le plus profond aux moindres pratiques de la piété chrétienne. C'est ainsi qu'elle entretenait toutes ses autres vertus et qu'elle croissait toujours plus dans l'amour de Dieu. Intimément pénétrée de cette foi vive, tout ce qui lui rappelait Dieu, ses mystères, les œuvres de sa puissance, de sa miséricorde, les combats, les vertus de ses serviteurs et de ses élus, avaient pour elle des charmes inexprimables. Une simple cérémonie de l'Église, une pieuse image la touchait l'élevait au-dessus des sens, lui était un sujet des plus belles réflexions et des plus affectueuses aspirations. Mais rien ne la touchait autant, rien parmi tout ce qui appartient à la religion, après les sacremens, n'excitait plus sa tendre dévotion que le signe auguste de notre Rédemption. Il paraissait que c'était à ce sacré mystère qu'elle était uniquement dévouée. Quoiqu'elle formât souvent sur elle ce signe vénérable, c'était toujours avec la plus touchante piété : à la vue d'une Croix, ses yeux se mouillaient de larmes, et en quelque lieu qu'elle la trouvât, elle se mettait à genoux pour l'honorer.

Elle avait placé dans la cellule de son hermitage une grande Croix de bois, c'était une de ses premières pratiques tous les matins de l'embrasser à plusieurs reprises avec de si grands sentimens d'amour et de respect, qu'il était aisé de connaître que ce sacré mystère était profondément gravé dans son cœur. Elle en donnait une preuve sensible en ce qu'il était toujours dans sa pensée, et que les moindres choses qui en exprimaient la figure quoique sans art ne la touchait pas moins. Il suffisait qu'elle vit des pièces de bois ou des branches d arbres croisées, et entrelacées; des barres de fer, des pierres ou autres objets, pour qu'elle adorât, remerciât cet aimable Sauveur qui a voulu nous sauver par ce signe précieux.

Parmi les plantes qu'elle cultivait, elle avait un beau romarin dont les trois principales branches qui sortaient de la tige formaient une belle croix; l'épouse du Vice-Roi du Pérou le lui demanda; Rose qui ne tenait à rien, s'en priva pourtant à regret par cette raison; mais à peine cette plante fut transplantée qu'elle sécha. La Bienheureuse étant venue chez cette dame pour l'intéresser à une œuvre de charité, la trouva toute affligée de ce qu'elle l'avait privée inutilement d'une plante chérie. La sainte fille la replanta dans le jardin de la vice-reine; cette dame avec étonnement, fit voir à tous ceux qui venaient la voir, que le romarin avait reverdi et était aussi beau qu'auparavant.

La dévotion à la mère de Dieu étoit une suite et

l'effet de celle qu'avait sainte Rose à Jésus-Christ son Fils, qu'elle adorait et vénérait dans tous ses mystères et les différens états de sa vie sur la terre. Si elle ne trouva pas toujours dans sa mère ces marques d'affection et de complaisance qu'aucune fille ne mérita jamais mieux qu'elle, par tout ce qu'elle faisait pour lui prouver son amour, son respect, et par les services qu'elle lui rendait continuellement, nous verrons qu'elle en fut amplement dédommagée par l'amour singulier, et toutes les faveurs que lui ménagea sa Mère selon la grâce, l'auguste Reine du Ciel. Elle la connut, l'aima, la vénéra de toute l'affection de son âme aussitôt qu'elle connut sa mère selon la nature; et cette tendre dévotion pour Marie fut une de ses plus douces consolations dans tous les instans de sa vie. Elle était ingénieuse à trouver des moyens pour lui marquer son amour et son respect. Toutes les fois qu'elle ou d'autres proféraient son saint Nom, elle s'inclinait, et la joie se peignait sur son visage, surtout lorsqu'elle priait devant les images qui la représentaient.

Il y avait dans l'Église des frères Prêcheurs de Lima une célèbre statue de la très-sainte Vierge, que ces bons Religieux en arrivant chez ces peuples sauvages y avaient placée depuis plus de cent ans, comme la protectrice de leurs travaux apostoliques. La dévotion qu'ils leur inspirèrent pour cette bonne Mère qui est le refuge des pécheurs et le secours des chrétiens, la leur rendit chère et précieuse, et leur obtint de cette puissante Reine une infinité de grâces et de bénédictions de tout genre. La bienheuse Rose en fit en mille occasions la plus douce expérience tant pour elle, que pour ceux en faveur de qui elle priait. C'était un bonheur pour elle de prier tous les jours devant l'Autel où cette statue était placée, et lorsqu'elle portait ses regards sur la Sainte Vierge et son Enfant Jésus qu'elle tenait dans ses bras, ses yeux se mouillaient de douces larmes, et son visage rayonnait de joie et d'amour.

Sa tendre dévotion était excitée par les marques d'affection que ces images inanimées lui donnaient souvent : c'étaient des gestes et des regards pleins de douceurs qui marquaient à cette belle ame qu'ils approuvaient l'ardeur et la simplicité de sa foi et de son culte. Ces marques extérieures étaient réglées sur les sentimens qu'elle avait dans le cœur. Plus Rose était affectée de ses propres besoins, ou de ceux pour qui elle s'intéressait, plus elle redoublait l'ardeur de ses vœux aux pieds de sa bonne Mère, et plus celle-ci et son cher Fils lui marquaient leur sensibilité d'une manière si affectueuse et si touchante, qu'elle était comme assurée du succès des prières qu'elle leur adressait : il semblait qu'elle en lisait la concession écrite en grosses lettres dans les mains de la très-sainte Vierge et de son divin Enfant.

On en était si persuadé dans Lima, qu'on n'hésitait pas d'assurer que tout ce que la sainte fille demandait à Dieu aux pieds de l'image de Notre-Dame du Saint Rosaire, était aussi certain, que si on en avait reçu des lettres patentes du Ciel. Comme elle ne pouvait pas être toujours devant cet objet si cher à son cœur, elle avait eu soin de s'en procurer un autre qui était à la disposition de sa piété filiale ; c'était une image de la très-sainte Vierge qu'elle honorait avec grand soin dans l'oratoire de sa maison, et dont elle ne recevait pas moins de caresses que de celle dont nous venons de parler. Elle avait remarqué dans les hommages et les prières fréquentes qu'elle lui adressait, les mêmes signes d'affection et d'approbation. Comme une Dame qui était venue la visiter, lui racontait en présence de cette image les grands miracles qui s'opéraient par l'intercession de la sainte Vierge, en faveur de ceux qui imploraient sa méditation dans un lieu nommé *Achota*, sanctuaire fameux dans le pays, Rose remarqua que son image jetait des rayons de lumières et qu'elle la regardait d'un air riant et joyeux plus qu'à l'ordinaire, pendant que la Dame raconta ces merveilles.

Si cette auguste Mère se montrait si favorable à notre bienheureuse fille, c'était pour la récompenser du zèle qu'elle avait à l'honorer, et à la faire honorer de tout son pouvoir. Outre le tribut de louanges et de prières qu'elle ne manquait pas de lui rendre, et avant tout, la récitation du Saint Rosaire qu'elle n'omit jamais, elle dirigeait à son honneur des jeûnes, des disciplines, et des larmes abondantes pour intéresser cette co-rédemptrice des hommes à leur salut éternel. Elle s'était chargée du soin de nettoyer et d'orner sa statue dans l'Église dont nous avons déjà parlé. C'est lorsqu'elle la revêtait de ses ornemens que son visage s'épanouissait, tant son cœur se dilatait d'amour, on eût cru qu'elle la voyait dans l'éclat qui l'environne dans le Ciel. Elle cultivait avec bien du travail et d'adresse dans le jardin de sa maison diverses fleurs, dont elle décorait tous les samedis la chapelle de Notre-Dame du Saint Rosaire. Elle était bien payée de ce travail, tant pour la beauté que par la multitude de ces fleurs qui réussissaient si bien, qu'elles semblaient être à l'abri de la rigueur des saisons; car tandis que les chaleurs brûlantes du climat ou les glaces de l'hiver dévoraient tout chez les autres, le parterre de Rose était dans l'état d'un printemps perpétuel.

Nous avons déjà dit que dès son plus bas âge elle avait choisi sainte Catherine de Sienne pour sa patronne et son modèle. La dévotion pour cette illustre Sainte était comme un de ses penchans naturels, ou pour mieux dire, elle lui était venue du Ciel. Elle s'était si bien nourrie de tout ce qu'elle avait fait pour arriver à cette haute sainteté qui l'a élevée à un si haut degré de gloire, qu'elle la représentait en tout jusques dans ses traits du visage; c'était du moins l'opinion commune. Dans son empressement à l'honorer, elle avait obtenu de parer la chapelle qui lui était dédiée dans l'Église des Dominicains. Eh! que ne faisait-elle pas pour s'acquitter de cette pieuse fonction! décorer et orner l'Autel, prendre soin de sa belle statue, des voiles et des couronnes qu'on lui offrait, était pour Rose l'objet de la plus intéressante sollicitude et son plus doux plaisir. Il y en avait à la voir, lorsqu'elle parait cette vénérable image. Les effusions de la piété et de l'amour d'une fille chérie dans les bras de sa Mère lui échappaient spontanément. *O ma bonne Mère*, lui disait-elle, en collant sa bouche sur cette figure inanimée *rendez-moi l'héritière de votre esprit, de vos vertus ! Donnez-moi les moyens de relever votre culte, de vous gagner des dévots et des imitateurs !* Des vœux aussi sincères et aussi ingénus pouvaient-ils n'être pas bien accueillis ? *O ma chère Maîtresse !* lui dit-elle un jour avec sa simplicité enfantine, *si jamais j'ai pu être affligée de ma pauvreté, c'est bien de n'avoir pas les moyens de vous faire une robe plus propre et plus digne de vous.* Elle n'eût pas besoin d'en dire davantage pour être écoutée efficacement. Au même instant arriva dans la chapelle le domestique d'une Dame des plus riches et des plus pieuses, qui lui remit la somme qu'elle avait désirée pour son pieux dessein. On savait dans sa famille comme dans la ville, que lorsqu'elle ne trouvait pas de fleurs dans son jardin pour orner son Autel, elle commandait aux plantes de lui en fournir, et sur-le-champ les plantes obéissantes se couvraient des plus belles fleurs. Ces détails pourront paraître aussi minutieux qu'incroyables; mais comme ils se trouvent consignés dans les écrits des auteurs les plus graves nous n'avons pas cru devoir les omettre.

Il y avait à Lima une fameuse et fervente confrérie sous le titre de sainte Catherine de Sienne, qui portait tous les ans, dans une procession solennelle par toute la ville, la statue de cette Sainte, richement décorée avec des couronnes de pierres précieuses, des guirlandes des plus belles fleurs, et d'autres ornemens. C'était à l'administration de la confrérie, de choisir celles qui devaient porter cette précieuse image; Rose, qui l'aimait comme sa Maîtresse spirituelle, ambitionna cet honneur et l'obtint pour le reste de sa vie. C'était pour elle le jour d'un véritable triomphe qui la comblait d'une joie indicible, bien avant qu'il arrivât et après qu'il était passé : c'était une époque où sa sainte patronne plus que dans le reste de l'année, lui accordait des faveurs plus distinguées, telle que la guérison d'une attaque de goutte qui lui avait enflé la main et le bras, et qui disparut dès qu'elle l'eût invoquée, et celle d'une femme qui avait reçu dans un œil un épanchement de souffre embrasé.

CHAPITRE XVII.

SES ENTRETIENS FAMILIERS AVEC JÉSUS-CHRIST, AVEC LA SAINTE VIERGE ET AVEC LES SAINTS.

Si l'on considère tout ce que sainte Rose faisait et souffrait pour l'amour de Jésus-Christ, on ne sera pas surpris que cet aimable Sauveur qui ne se laisse jamais vaincre en générosité, l'ait comblée de tant de faveurs et de consolations; nous l'avons déjà vu, et ce que nous allons rapporter le démontrera mieux encore. Notre Sainte souffrait d'un violent mal de gorge, lorsque Jésus-Christ lui apparut avec un air plein de douceur et lui parla avec une affabilité si encourageante, qu'elle prit la liberté de lui demander la délivrance d'un mal si violent, qui ne lui laissait aucun moment de repos. Ce bon Maître lui promit de la délivrer de tout ce qu'elle souffrait au corps et à l'esprit, à condition qu'elle ferait ce qu'il allait lui demander; elle le lui promit aussitôt. Alors l'époux céleste lui déclara qu'il désirait qu'elle fût réduite à ses premières souffrances. Ce qu'elle accepta incontinent, mais avec une condition sans laquelle elle ne prétendait pas s'engager, et voulait que sa parole fût nulle. On n'imaginerait pas sans doute la nature de cette condition si l'on ne connaissait pas bien encore son amour pour les souffrances, et l'héroïsme de ses sentimens généreux. Elle répondit en empruntant et surpassant même en énergie le langage du saint homme Job accablé de maux. * *Oui, mon doux Sauveur, l'unique amour de mon ame, oui, j'adore de toutes mes forces votre divine volonté, et je m'y soumets entièrement dans toutes les douleurs qu'il vous plaira de m'envoyer, vous suppliant d'en augmenter le nombre et la violence : c'est la condition unique de mon engagement, et de la promesse solennelle que je vous donne aujourd'hui, que parmi les douleurs extrêmes dont il vous plaira de m'accabler sans m'épargner, il me reste au moins cette consolation, que je ne contredise jamais en rien les ordonnances de celui qui est infiniment Saint.*

Y aura-t-il maintenant dans toute la vie d'une sainte arrivée à ce haut degré de la force chrétienne, quelque vertu, quelque sacrifice qui puisse embarrasser tout lecteur raisonnable ? Y aurait-t-il même quelque trait de générosité si merveilleux de la part d'un Dieu, qui puisse refroidir la pieuse croyance des fidèles dans les dons surnaturels dont notre Sainte fille était continuellement favorisée. Comme sa pensée et son cœur étaient toujours dans le sein de son Dieu, de Jésus son époux, faut-il s'étonner que ce céleste époux lui accordât souvent la faveur de sa présence sensible sous différentes formes ? Rose se reposant une nuit dans son her-

* Hac mihi sit consolatio ut affligens me dolore non parcas nec contradicam sermonibus Sancti. Job. cap. 6. v. 10.

mitage, il lui survint une si grande faiblesse qu'elle crût mourir. Comme elle désirait quelque potion pour se soutenir, le Sauveur se montra à elle, et lui donna quelques gouttes du sang et de l'eau qui étaient sortis de son cœur, ce qui la consola et la fortifia tellement, qu'elle disait dans son transport à sa sainte Patrone qui avait reçu comme elle cette grande faveur de se désaltérer par l'eau qui coule de ces fontaines du Sauveur, qu'elle n'était pas seulement sa fille spirituelle, mais sa sœur de lait, ayant été nourrie comme elle de cette substance divine qui produit et fait germer les Vierges.

Un jour étant allée visiter une Dame de la ville qui traitait dans ce moment une affaire avec quelques personnes, cette Dame la pria d'aller en attendant qu'elle eût terminé, se promener dans son jardin; Rose s'y entretint long-temps avec Dieu sans penser que la dame l'avait oubliée. Celle-ci s'étant enfin souvenue d'elle, se mit à la fenêtre pour l'appeler; surprise de la voir avec un enfant de dix à douze ans qui la suivait s'entretenant familièrement avec elle, et lui donnant les plus grandes démonstrations d'amitié, elle appela ses gens pour savoir qui était cet enfant. Ceux-ci non moins surpris qu'elle, l'assurèrent qu'ils n'avaient ouvert à personne; s'étant tous approchés pour mieux observer, ils virent, tant qu'ils n'interrompirent pas ce colloque divin, que cet enfant d'une beauté ravissante produisait par sa marche et par celle de Rose qui était à ses côtés un effet encore plus ravissant : c'est qu'il sortait de la terre sur laquelle ils posaient leurs pieds l'un et l'autre, des éclats d'une lumière éblouissante. La même chose arriva à-peu-près dans le palais d'une des premières dames de la ville. Rose après s'être entretenue long-temps avec elle de choses saintes pour le profit de cette dame, la quitta pour aller s'entretenir avec Dieu dans l'oraison. Comme elle prolongeait tranquillement son entretien avec son bien-aimé, la dame impatiente la fit appeler par une de ses petites filles qui revint lui rapporter ingénument l'avoir trouvée dans son appartement jouant avec un jeune enfant. On fut curieux de voir le fait : la dame s'y étant portée avec sa nombreuse famille apperçut en effet cet enfant revêtu d'une robe lumineuse de diverses couleurs et faisant mille amitiés à la sainte, mais tout-à-coup il disparut. On n'eut pas de la peine à comprendre que c'était celui-là même qui s'étant fait pour nous enfant, nous a dit, qu'il fallait devenir enfant pour entrer dans son royaume.

Il était si jaloux de la sainteté de son épouse qu'il la voulait absolument détachée de toutes les affections terrestres même les plus innocentes afin de régner seul dans son cœur. Comme elle cultivait avec une sorte de goût et de complaisance plusieurs belles fleurs dans son jardin, afin d'orner les autels, en y entrant un jour elle en vit bon nombre d'arrachées et une entr'autres qu'elle aimait de préférence ; dans son déplaisir se plaignant à son

Sauveur sans savoir qu'elle pouvait en être la cause, au lieu de la consoler ce bon maître lui fit de suite ce doux reproche dans le fond de son ame: « Sache ma fille que c'est moi qui ai fait ce » dommage. Pourquoi t'attacher à des fleurs que » le soleil flétrit? ne suis-je pas la fleur des champs » infiniment plus précieuse que toutes celles que » tu cultives avec tant de soin dans ton parterre? » J'ai voulu par là t'enseigner à ne pas partager » tes affections entre les créatures et ton créateur. »

Elle était trop chère et trop agréable au fils de Dieu pour qu'elle ne fût pas l'objet d'une prédilection particulière pour sa divine mère. Les caresses qu'elle recevait de cette puissante avocate auprès de Dieu n'étaient presque pas interrompues; cette bonne mère s'était comme chargée de pourvoir à tous ses besoins. Elle se montrait compatissante pour elle dans ses maladies, lui présentait des remèdes célestes et l'encourageait au fort de ses douleurs. La continuité de ses oraisons et de ses austérités, lui avait tellement échauffé la masse du sang qu'elle en avait perdu le sommeil; pour le lui faire recouvrer, ses confesseurs l'obligèrent à user de quelques légers remèdes qui furent à peu près inutiles: de sorte qu'après avoir été éveillée la nuit, le sommeil l'accablait le matin lorsqu'elle voulait se lever. La peine qu'elle en éprouvait lui était si fâcheuse, qu'elle conjura cette Vierge admirable qui est appellée l'étoile du matin, de l'assister pour qu'elle se levât à l'heure qu'on lui avait prescrite. C'en fut assez, l'effet de cette humble prière fut prompt et permanent. Cette mère clémente en prit sur elle le soin. Elle lui apparaissait tous les matins et après l'avoir éveillée elle l'excitait à se lever par ces tendres paroles : « Rose « ma fille levez-vous, il est temps de vous préparer à faire votre oraison, et d'aller au-devant « de votre divin époux la lampe allumée en main. » S'étant une fois rendormie après avoir été déjà éveillée, l'auguste Marie vint une seconde fois la trouver, et l'ayant touchée doucement sur le côté lui dit : « Debout Rose il ne faut pas être paresseuse. » Et afin de lui faire une salutaire correction, cette bonne mère se retira sans la regarder en face, contre son ordinaire ; car Rose la voyait toujours le visage tourné vers elle jusqu'à ce qu'elle fût sortie de la chambre, mais cette fois elle se tourna de façon qu'elle fut privée en punition de sa paresse, de la joie qu'elle goûtait à voir son visage auguste.

Tous les auteurs de sa vie rapportent des traits admirables de son recours continuel aux esprits célestes mais surtout à son Ange gardien, qui la traitait avec une bonté telle que le plus tendre des frères n'a jamais pu avoir pour sa sœur. En serait-on étonné puisque ces bienheureux esprits voyaient dans cette humble Vierge l'émulatrice de leur pureté et de leurs flammes divines ? Lorsque notre sainte était privée des visites et des secours accoutumés qu'elle recevait de notre Seigneur, après s'être confondue devant Dieu dans la vue de son indignité, elle lui envoyait son bon Ange pour le conjurer de ne pas la priver plus long-temps de sa divine présence. Étant une nuit dans son hermitage, elle sentit les approches d'un évanouissement et d'une défaillance mortelle; elle rentra aussitôt dans la maison pour être plus à portée des secours; sa mère qui la vit dans un état presque agonisant dépécha la servante pour acheter une certaine composition connue dans le pays pour être très-efficace dans de pareilles crises : sa fille s'y opposa l'assurant que Dieu viendrait à son secours; la mère fâchée insista et envoya en effet la servante prendre le remède. Rose voyant cet empressement la pria de rappeler cette fille lui prostestant que Dieu y avait pourvu : dans le même moment un domestique de M. le receveur général se présenta de le part de son maître avec une tasse d'argent pleine de la liqueur qu'on désirait. La mère étrangement surprise d'un secours qui lui venait si à propos et si imprévu, voulut absolument savoir comment cela s'était fait, et lui commanda de toute son autorité de lui dire comment elle avait su qu'on devait lui apporter ce remède. La fille soumise ne pouvant déguiser la vérité lui répondit avec un modeste et agréable sourire qu'en se voyant dans ce pénible état elle avait envoyé l'Ange qui lui rendait habituellement tant de services, vers l'épouse de ce monsieur pour la porter à lui envoyer ce secours dans son pressant besoin.

Sa mère avait l'habitude en fermant le soir toutes les portes de la maison de laisser ouverte celle qui donnait entrée au jardin afin que sa fille qui passait dans son hermitage jusqu'après minuit en prières la trouvât ouverte pour venir se reposer dans sa chambre. Il arriva un jour que sa mère s'oublia dans cette attention, et qu'elle ferma cette porte à clé comme les autres. Rose se retirant selon son usage apperçut en sortant de son hermitage une ombre claire qui s'agitait comme pour l'inviter à la suivre, elle se douta que c'était son Ange qui venait dans quelque dessein, jusqu'à ce qu'arrivée à la porte qui était fermée elle entendit sortir de l'ombre une vertu qui l'ouvrit entièrement et disparut après qu'elle fut entrée. Ce n'était pas seulement ce gardien céleste que Dieu lui avait donné pour l'assister, qui se montrait si obligeant à son égard, elle n'était pas moins chère aux Anges des personnes pour qui elle s'intéressait dans ses prières. Il y parut bien au sujet d'un religieux qui devant faire un long et pénible voyage vint auparavant se recommander à ses prières; Rose le lui promit. Les commencemens du voyage furent assez heureux, mais le religieux étant arrivé dans les vastes plaines de *Truxillo*, ville près de la mer, il y courut de si grands dangers qu'il se trouva deux fois sur le point de perdre la vie. De retour à Lima il vint voir la Sainte et il avait l'air de lui dire qu'elle l'avait oublié dans l'extrême danger qu'il avait couru. Elle lui répondit franchement que c'était bien sa faute, parce qu'alors il n'était plus dans le même état où il était en partant, et elle l'avertit charitablement en secret de certaines choses de son intérieur si cachées, qu'elle ne pouvait les avoir apprises, d'après l'aveu de ce religieux, que de son Ange Gardien.

De même qu'elle était si unie et si agréable aux bons Anges, de même elle était odieuse aux puissances de l'enfer, qui avaient pour elle une si cruelle aversion qu'ils saisissaient toutes les occasions de lui faire éprouver les efforts de leur rage. Le démon la poursuivait avec une constance incroyable sans pouvoir jamais la troubler : au contraire, il semblait que tous les efforts des malins esprits la rendaient comme nous l'avons observé plus forte et plus hardie à leur résister. Pouvait-elle se troubler étant assurée de la protection de son divin époux, de la bienveillance de sa Sainte Mère, et des SS. Anges, et spécialement de sa bonne patronne Sainte Catherine de Sienne qui lui avait appris dès son enfance les règles sûres pour discerner ces esprits de ténèbres par l'expérience qu'elle en avait faite elle-même dans les assauts quelle en avait aussi éprouvés? Ces leçons avaient si bien profité à Rose dans les mêmes occasions, qu'on disait dans le pays que si on y croyait encore à la métempsycose, on dirait que l'âme de sainte Catherine de Sienne était passée dans le corps de la Bienheureuse Rose sa fidèle disciple.

CHAPITRE XVIII.

UNION SINGULIÈRE ET PARFAITE DE J. C. AVEC LA BIENHEUREUSE ROSE.

Les Pères de l'Église ont déclaré que le mariage des fidèles était le signe et la figure de l'alliance que le Fils éternel de Dieu a voulu contracter avec l'Église et la société de ses enfans qui vivent sur la terre, et que cette union présageait celle qu'il aura dans sa gloire avec ses élus. Cette union qu'il veut bien avoir avec le corps et la société de l'Église universelle, il daigne aussi et désire ardemment la contracter avec chacun de ses membres en particulier. C'est pour cela que les maîtres de la vie spirituelle donnent aux âmes justes, et surtout aux vierges fidèles, la qualité d'épouses de ce Dieu infiniment saint, amateur de toute pureté. Il s'unit aux âmes pures par l'onction de sa grâce et le lien de sa divine charité. Sainte Rose par la contemplation des grandeurs et des beautés de Jésus son divin Époux, était arrivée au plus haut dégré d'amour pour sa personne adorable où puisse parvenir une âme sur la terre; l'usage de la raison qui fut en elle très-précoce, ne lui servit que pour se dévouer totalement à lui dès le premier instant qu'elle le connut, et avec les puissances de son âme, elle lui consacra aussi son corps comme une victime qu'elle voulait consumer dans le feu de son divin amour. Dès-lors elle ne chercha qu'à lui plaire par tous les moyens ; elle lui voua sa virginité et renonça de la manière la plus absolue à l'affection de toutes les créatures, et encore plus à l'amour d'elle-même, traitant son corps comme son plus cruel ennemi. D'après ce plan dont elle ne s'écarta jamais, elle excella bientôt dans la pratique de toutes les vertus dont ce Dieu Sauveur est l'Auteur et le modèle parfait, et qui la rendant l'objet de ses plus tendres complaisances, l'assurait ce semble de cette union précieuse qu'il fait ici bas avec les prédestinés.

Néanmoins il manquait encore quelque chose aux désirs et à la bonté du divin Maître, ainsi qu'à l'amour de son humble servante, comme nous allons le voir dans la nouvelle faveur que lui fit le céleste Époux : faveur que nous rapporterons après tous les Auteurs qui ont écrit les actions de la Sainte, et qui n'ont pas manqué de la relever avec tout le soin qu'elle mérite. Elle avait lu dans la vie de l'illustre Vierge son modèle, le bienfait signalé qu'elle avait reçu de Jésus-Christ, d'être élevée au rang sublime de son épouse privilégiée. Rose aurait bien désiré le même privilége, mais la connaissance de son indignité la tenait dans une humilité si profonde, qu'elle regardait comme un crime, le désir et la seule pensée de cette faveur insigne. C'était pour elle comme un miracle de la miséricorde de Dieu auquel elle n'osait pas prétendre ; mais cette miséricorde l'y prépara par des voies sinon miraculeuses, au moins fort extraordinaires.

Déjà il lui avait fait entendre sa voix divine au fond de l'ame dans l'ardeur de ses oraisons. Cette voix lui disait : *Ma fille, donne-moi ton cœur.* * Comme elle contemplait une nuit les trésors infinis de perfections renfermées dans le sacré cœur de cet aimable Rédempteur, Jésus-Christ se montra à elle avec un air plein de grâce et de Majesté, pour l'assurer qu'il était porté pour elle d'une affection toute particulière. Il lui fit voir à sa suite une troupe presqu'innombrable de vierges brillantes d'une lumière et d'une gloire éblouissante, qui était l'émanation de celle dont s'environne le corps de leur Époux immortel. Elles lui parurent occupées à scier et à couper des marbres dans une étroite carrière avec beaucoup de fatigues. Cet Époux divin l'invita avec une bonté inexprimable à se joindre à elles dans ce travail ; lui donnant par-là à entendre que la dignité d'être comptée parmi ses épouses chéries, l'obligeait à une vigilance exacte, et à un travail pénible. Comme elle était dans l'admiration de ce spectacle nouveau, elle s'aperçut qu'elle était couverte d'une robe toute tissue d'or, et enrichie de quantité de pierres précieuses, et qu'on lui donna une place distinguée dans ce cœur céleste.

C'est ainsi que ce Dieu de bonté dont les regards sont sur les humbles, préparait cette vierge sage à

*Præbe filia cor tuum mihi. Prov. 23.

l'alliance mystérieuse qu'il voulait contracter avec elle ; c'étaient les présens et les gages des fiançailles de l'union sacrée qu'il désirait faire avec elle. Rose, de son côté, allait au-devant de lui, ayant en main la lampe ardente de tant de saintes actions, qui lui avaient gagné le cœur de cet Époux divin choisi entre mille, qui se nourrit parmi les lis des âmes pures et innocentes. Le jour des Rameaux, Rose se trouvait à l'Église de saint Dominique où elle allait assez journellement, vu la proximité de sa maison ; elle assistait aux divins mystères dans un profond recueillement, le Sacristain qui distribua les Rameaux bénis aux fidèles assemblés, passa devant elle sans lui en présenter, soit par inadvertance, soit que Dieu le permît ainsi pour éprouver sa foi et son humilité; s'en apercevant, elle l'attribua à une distraction, et s'en croyant indigne, elle s'enfonça toute confuse dans la Chapelle de Notre-Dame du Rosaire qui était tout près d'elle ; s'étant agenouillée, elle déplora la faute qui lui avait mérité cette privation. Pendant qu'elle sollicitait par ses larmes le pardon de sa négligence et de son défaut d'attention, la Sainte Vierge se fit voir à elle avec son cher Fils Jésus. Cette bonne Mère l'ayant consolée avec une tendresse admirable, la quitta pour parler à son Fils, comme pour lui faire une demande en faveur de sa servante : en ayant reçu une réponse favorable, elle retourna vers Rose et la félicita avec une joie singulière de la gloire et du bonheur où elle allait être élevée. Dans le temps que sainte Rose était toute ravie de ce qui se passait sous ses yeux, et qu'elle fixait attentivement ses regards, tantôt sur le divin Sauveur, tantôt sur son auguste Mère, éprouvant dans son ame une joie et un contentement qu'elle n'avait jamais ressenti, et ne sachant si elle était déjà dans le Ciel, ou sur la terre, cet aimable Sauveur lui adressa ces consolantes paroles : *Rose de mon cœur, je te prends pour mon épouse.*

Toute ravie et hors d'elle-même de l'honneur qu'elle recevait de cette alliance divine, elle se prosterna aux pieds de son Sauveur, et toute abymée dans la vue de ses misères et de son néant, elle lui dit en l'adorant avec le plus profond respect, qu'elle se croyait trop honorée de la qualité de son esclave ; puisqu'elle portait dans le fond de son ame les caractères ineffaçables, d'une servitude nécessaire, qui la rendait indigne d'être placée au rang de ses épouses. Ces expressions étaient l'assurance des sentimens qui étaient profondément gravés dans son ame. Dans la conviction de son indignité et de sa défiance de tout ce qui la flattait, elle eut regardé cette insigne faveur comme une illusion de son esprit si son divin Époux et son auguste Mère, ne l'eussent assurée de la vérité de leurs dispositions à son égard, en la confirmant par ces paroles affectueuses que lui adressa la Sainte Mère de Dieu : *O Rose, l'épouse favorite de mon Fils, regarde à quel excès de gloire il t'a élevée par sa miséricorde, tu es maintenant sa vérita-*

ble épouse. Afin de la rassurer toujours plus dans la crainte où elle était, ce bon Maître ratifia ce qu'avait dit sa glorieuse Mère.

Qui pourrait après cela exprimer les dons surnaturels et magnifiques qui suivirent cette alliance merveilleuse de Jésus, avec cette ame prédestinée? On eût tout ignoré si elle n'eût été obligée d'en rendre compte à un savant homme qui l'examinait sur tout ce qui se passait dans son intérieur. Comme il l'interrogeait sur les grâces qu'elle avait reçues de Jésus-Christ, elle lui exposa celle-ci, comme la plus insigne de toutes, et lui ajouta que son divin Époux dans sa magnificence l'avait comblée de tant de biens, que non-seulement elle ne pouvait l'exprimer, mais encore qu'elle n'avait plus rien à désirer, que de le posséder dans le séjour éternel de sa gloire. Aussi ne fit-elle que languir dans son exil sur la terre. Quoique ses actes ne marquent pas le temps précis, où elle reçut cette faveur qu'ils ont appelée du nom d'épousailles, nous présumons d'après de bonnes raisons qu'elle y survécut encore plusieurs années. Afin d'avoir une marque sensible qui la lui rappela tous les jours de sa vie, elle pria son frère de lui donner une bague sur laquelle elle fit graver ces mots en abréviation : *Rose de mon cœur, je te prends pour mon épouse* ; lui laissant ignorer entièrement le sujet qui lui fit demander et porter cet anneau à son doigt. Le jeudi suivant, jour de l'institution de l'Eucharistie, elle pria le Sacristain de mettre cette bague dans la custode où il enferma le Saint Sacrement, ce qu'elle fit en présence de sa mère qui avait toujours l'œil sur elle pour observer toutes ses démarches, et qui fut fort surprise de la lui voir encore au doigt le jour de Pâques étant à l'Église avec elle, sans que personne l'eût approchée pour la lui rendre. Après la mort de la bienheureuse, un grand serviteur de Dieu tenant cette bague dans ses mains, et pensant à ce qu'elle signifiait, fut doucement ravi en extase, et parmi les consolations que Dieu répandit dans son ame, il aperçut cette épouse fidèle placée entre les plus grands Saints dans un haut degré de gloire, ayant cet anneau à ses doigts ; il voulut étendre la main pour le prendre, mais elle demeura immobile.

Quelque sainte qu'eût été jusqu'alors la vie de notre Bienheureuse fille, depuis cette nouvelle faveur elle parut un prodige de toutes les vertus ; il semblait qu'elle ne tenait plus à la terre et que tout ce qu'elle faisait et disait avait quelque chose de céleste. Elle vérifiait en elle ce que son divin Époux a dit par l'organe d'un Prophète : * « Je vous » rendrai mon épouse par une alliance éternelle » de justice, de compassion, de jugement et de » miséricorde. Je vous rendrai mon épouse par » une inviolable fidélité et vous saurez que c'est » moi qui suis le Seigneur, en qui seul vous devez » espérer. »

* Osée, chap. 2. v. 19. 20.

CHAPITRE XIX.

ELLE CONNAIT LE JOUR DE SA MORT.

Après avoir lu avec avec attention tout ce que nous avons écrit jusqu'ici des vertus de sainte Rose, tout ce qu'elle a enduré dans une vie assez courte, de tourmens et de peines dans l'esprit et dans le corps, et qu'on s'est arrêté aussi sur toutes les grâces et les faveurs éminentes qu'elle reçut du Ciel, on ne peut qu'être surpris qu'elle ait pu faire tant de choses magnifiques en aussi peu de temps, et d'un autre côté qu'elle ait résisté avec tant de constance à de si extrêmes douleurs! Il est naturel alors de penser que la vue de la mort devait avoir pour elle des attraits bien doux, par la confiance que tant d'œuvres saintes, de si longs et si rudes combats devaient lui donner en la miséricorde divine. Aussi la mort que le commun des hommes regarde avec peine et qu'on éloigne toujours de son esprit, fut-elle constamment l'objet de sa pensée et de ses plus ardens désirs. Faudrait-il s'en étonner lorsqu'on a vu qu'elle se croyait être sur cette terre comme dans une dure prison, en proie aux plus cruelles douleurs, et qu'elle avait d'ailleurs par tant de faveurs précieuses dont le Seigneur l'avait enrichie, le gage flatteur de la couronne qu'il lui réservait dans l'éternité?

Parmi ces faveurs ce n'en fut pas une des moindres, que celle de connaître long-temps à l'avance l'époque précise de sa mort, et quoiqu'elle fût encore assurée des rudes circonstances qui devaient la précéder, au lieu de s'en troubler et de s'en affliger, elle s'en réjouissait comme du jour de son triomphe. Ce jour que dans sa bonté, le Seigneur lui avait marqué spécialement devoir être celui de la fête de l'Apôtre saint Barthélemy, était tous les ans pour elle l'objet d'une solennité toute particulière. Elle s'y disposait plusieurs jours à l'avance par une retraite plus exacte, et par les pratiques de la piété la plus affectueuse. Elle jeûnait rigoureusement la veille, et comme elle ne faisait pas grand fond sur ses vœux et sur ses prières, elle s'associait plusieurs enfans de sa connaissance qu'elle faisait jeûner aussi, et prier selon leur pouvoir, afin que le Seigneur touché de leur innocence lui accordât les grâces nécessaires pour ce terme de sa vie. Sa mère étonnée de l'empressement qu'elle mettait à célébrer cette fête, et des préparatifs dont elle se servait, avait voulu souvent en pénétrer le motif. Rose ne pouvant plus à la fin l'éluder, avait cru s'en débarrasser en lui disant seulement et agréablement, que ce jour serait celui de ses nôces. Cependant comme il s'avançait avec ses années, elle le voyait toujours d'une manière plus claire.

Trois ans avant qu'il arrivât, elle fut attaquée d'une violente et dangereuse maladie, qui fit craindre à son confesseur, à ses parens, et à toute la ville qu'elle n'en releverait pas. Voyant autour de son lit son confesseur et une foule d'assisans fondre en larmes : *Ne pleurez pas sitôt pour moi leur dit-elle, plût à Dieu que je fusse au bout de ma course comme vous le pensez, hélas! je suis encore bien éloignée de mon terme.* Arrivée enfin à sa trente-deuxième année, qu'elle savait par l'inspiration de Dieu ne devoir pas achever, les flammes de sa charité se trouvèrent au plus haut degré où elles pouvaient arriver. Ayant comblé la mesure de perfection où Dieu l'avait appelée, mûre pour le Ciel, et morte absolument à toutes les choses de la terre, elle redoubla d'ardeur pour s'avancer de son divin Époux, qui n'attendait que le moment pour la couronner. Elle s'empressait par ses ardens soupirs, ses larmes et ses affections embrasées, d'attirer ses regards de compassion sur elle. Son nom adorable, celui de sa sainte Mère et de ses saints Protecteurs, s'entremêlaient continuellement sur ses lèvres, de sorte qu'on ne pouvait plus se cacher qu'elle ne fût près de la fin de son exil. Dans son amour héroïque pour la sainte pureté, elle voulut prendre à ce sujet certaines précautions. Elle commença par dire confidentiellement à la Dame Marie de Usatigui son hôtesse : « Madame, je vous » regarde comme ma seconde mère : j'ai vécu assez » de temps chez vous : j'y dois mourir, et c'est-là, » (dit-elle en montrant un lieu déterminé) que je » rendrai mon ame à son Créateur, je vous conjure

» Madame, par la sincère affection que vous avez
» pour moi, de ne pas permettre qu'aucune autre
» que vous et ma mère, touche à mon corps et se
» mêle de m'habiller, et de le mettre dans le cer-
» cueil; j'attends de vous deux seules, cet office
» de charité.»

Quatre mois avant son décès, elle dit à la même Dame: « Ah! ma bonne mère, que je dois souffrir
» de douleurs en ma dernière maladie! mais la
» plus cruelle de toutes sera la soif ardente. Sou-
» venez-vous alors, s'il vous plaît, de me donner
» de l'eau pour éteindre le feu qui desséchera mon
» gosier, et qui brûlera mes entrailles.» La même lumière surnaturelle et divine qui lui avait appris l'an et le jour de sa mort, lui avait aussi fait connaître les douleurs effroyables qu'elle endurerait à la fin de sa vie. Dieu lui avait découvert le nombre et la violence des maux qui l'accableraient. Elle savait qu'elle serait réduite à un état approchant à-peu-près de celui de son Sauveur, dans son agonie et sur la Croix. D'après cette connaissance, elle se prépara à boire toute l'amertume de ce calice que Dieu voulait lui présenter, en se mettant dans les mêmes dispositions de soumission, de résignation et d'abandon à la volonté de son Dieu. Elle leva d'abord les yeux au Ciel pour adorer et remercier son aimable Sauveur de ce qu'il daignait l'associer à ses souffrances, pour lui communiquer ensuite les douceurs de sa gloire et de sa couronne, et dans cette généreuse résolution elle se retira dans

la Chapelle de Notre-Dame du Saint Rosaire où elle avait si souvent et avec tant de ferveur répandu son cœur devant Dieu, et où sa divine bonté lui avait fait tant de grâces signalées; et là, s'étant prosternée devant l'Autel, elle lui consacra de nouveau son esprit et son corps, faisant un sacrifice et un acte de la plus parfaite résignation de toute elle-même à la sainte volonté de Dieu. Elle fit cet acte avec tant de ferveur et de si tendres sentimens d'amour et de piété, que tous ceux qui étaient présens, voyant le feu qui brillait sur son visage et dans ses yeux, crurent qu'elle avait reçu quelque grâce extraordinaire, ou bien que le Ciel s'était ouvert à ses regards.

Voyant approcher sa fin, elle profitait de tous les momens que lui laissaient libres ses forces déjà bien épuisées. Trois jours avant qu'elle s'alita pour sa dernière maladie, elle désira voir encore une fois la maison de son père : car on a dû observer que depuis quatre ans elle vivait retirée dans la maison de Don Gonzalez, receveur général du fisc Royal qui l'avait reçue chez lui, beaucoup plus par vénération pour son éminente sainteté, que pour alléger la détresse de sa famille. Ce ne fut pas tant pour voir le lieu où elle avait pris naissance qu'elle fit cette course assez pénible, que pour faire ses derniers adieux à la cellule de son hermitage, cette aimable et précieuse compagne des plus beaux, comme des plus doux momens de sa vie. Ce témoin fidèle de tant de faveurs et de grâces, de tant de fervens soupirs et de larmes amères, de tant d'oraisons et de macérations, en un mot, de tant de combats terribles contre les puissances de l'enfer. Lorsqu'elle se vit dans ce sanctuaire de ses plus chères, ainsi que de ses plus justes affections, son cœur se dilata de la plus étonnante manière : on n'aurait pu imaginer qu'elle dût sitôt mourir, tant elle montrait de vigueur et de joie. Elle y passa quelque jours en retraite dans les exercices continuels de la prière, et d'actions de grâces qu'elle rendait à son Créateur pour tous les bienfaits qu'elle en avait reçus, et que lui rappelait ce petit réduit si souvent honoré de la présence de son Sauveur, de son auguste Mère et des Saints ses protecteurs. Là, seule avec Dieu, elle chanta à la manière des cygnes les hymnes de sa mort, c'est l'expression qu'emploient les premiers auteurs de sa vie, c'est-à-dire, que dans le même lieu qui avait retenti des louanges et des bénédictions qu'elle envoyait au Ciel tous les jours, elle exprima à son divin Époux de sa voix défaillante, sa reconnaissance et le désir de lui être réunie pour l'éternité. Dans ces chants d'allégresse le cœur agissait bien mieux que la voix, qui était souvent entrecoupée par des soupirs et des gémissemens. Elle n'oublia pas son Bienheureux père le grand saint Dominique à qui elle était si redevable. Après l'avoir remercié de l'avoir admise parmi ses filles dans son tiers-ordre, elle le conjura de lui obtenir le pardon d'avoir si peu profité de toutes les grâces qu'elle avait reçues par cette sainte affiliation, dont elle s'avouait indigne, en considérant les avantages que tant d'autres saintes ames en avaient retirées : entr'autres sainte Catherine de Sienne sa Patronne. Elle implora sa médiation pour obtenir le pardon de l'abus qu'elle en avait fait ; enfin elle le conjura de prendre soin de sa pauvre mère, qu'elle savait par une lumière divine devoir entrer dans son ordre après sa mort. Elle ne se doutait pas que sa mère était alors dans le jardin attentive à ce qu'elle disait. Quoiqu'elle fût fort édifiée des sentimens de sa fille, ne se sentant pas alors la vocation à l'étatreligieux, elle ne put s'empêcher de rire de cette pieuse recommandation à saint Dominique, la regardant plutôt comme une fiction, que comme une prophétie ; c'en était pourtant une bien véritable.

CHAPITRE XX.

DE SA DERNIÈRE MALADIE ET DE SA PRÉCIEUSE MORT.

Nous voici enfin arrivés au moment où cette Rose mystérieuse qui avait pris naissance et s'était épanouie avec une si rare beauté dans les terres jusqu'alors en friche de l'Amérique Méridionale, après y avoir répendu l'odeur des plus sublimes et des plus éclatantes vertus du Christianisme, va être arrachée de cette terre inconstante pour être placée dans le parterre éternel du palais du Roi des Cieux.

Le premier jour d'août, était arrivé et le départ de notre Sainte pour la Jérusalem céleste était fixé par le Maître de nos destinées au vingt-quatre dudit mois, ainsi que nous l'avons déjà dit. Le soir de ce premier jour étant en parfaite santé, elle se retira à la maison du seigneur Gonzalez, où elle avait sa chambre, pour prendre un peu de repos, mais à minuit on l'entendit crier et gémir si pitoyablement que la Dame Usatigui, épouse de Don Gonzalez, et ses filles étant accourues avec le reste de la maison, on la trouva étendue sur le pavé, froide, sans pouls, sans mouvement et presque sans vie. Effrayé de cet accident, on lui proposa d'appeler un médecin pour la soulager; à ce mot de soulagement, elle rougit, et les regardant avec des yeux mourans, elle leur dit d'une voix faible et languissante : qu'elle n'avait point de mal, mais qu'elle sentait la mort exercer déjà son empire sur elle avec tant de violence, qu'elle croyait qu'il n'y avait que Dieu seul son unique médecin, qui connût son état et qui pût l'en retirer par sa puissance. On la remit sur son pauvre lit, on s'aperçut qu'une sueur froide couvrait son visage, il lui prit un frisson partout le corps, et une oppression de poitrine si violente, qu'elle avait une extrême peine à respirer. Néanmoins elle ne laissait pas de prononcer facilement le Saint Nom de Jésus, avec des affections très-tendres qui annonçaient que ce nom Divin était son unique soulagement.

Les médecins arrivèrent, et la voyant dans cet

état, ils jugèrent qu'il y avait complication et contradiction dans les maux qu'elle endurait. Ils étaient assez embarrassés, et ils avouaient qu'un tel état était au-dessus des ressources de l'art, et encore plus des forces humaines; qu'il n'y avait rien de naturel dans cette réunion d'accidens incompatibles, qu'il n'y avait que Dieu qui pût les faire subsister dans un corps aussi faible.

Son Confesseur qu'on avait aussi appelé se trouvait présent et craignant que son humilité ne l'empêchât de découvrir la nature et l'étendue des maux qu'elle endurait, il lui ordonna de les déclarer aux médecins du mieux qu'elle pourrait, pour leur en donner au moins quelque légère connaissance. Afin d'obéir à un ordre aussi précis, elle répondit que depuis qu'elle était au monde, elle avait été affligée de différentes espèces de maladies, auxquelles sont sujets les autres hommes, mais que celle où Dieu la réduisait maintenant, lui était entièrement inconnue, et qu'elle ne pouvait exprimer ses souffrances actuelles que par de faibles comparaisons, des choses les plus sensibles et les plus douloureuses. Ensuite elle ajouta : il me semble qu'on me fait entrer violemment par les tempes une boule de fer embrasé, et qu'elle descend jusqu'aux pieds, après avoir circulé dans toutes les parties de mon corps, avec des douleurs intolérables ; il me semble aussi qu'une main invisible me perce le cœur en divers sens, avec un poignard flamboyant, qu'après l'avoir traversé de toutes parts, cette main terrible grave la figure d'une croix sur mon cœur avec ce dard embrasé. Les douleurs de cette impression causées par ce glaive de feu, surpassent j'ose dire la dernière activité où peut arriver cet élément.

« Je souffre des douleurs si aigües dans les en-
» trailles que je crois à tout moment qu'on me les
» arrache avec des tenailles brûlantes, et j'ai dans
» la tête un aussi grand feu, que si on me l'avait
» couverte d'une calotte de bronze rougie dans une
» fournaise. Enfin, Messieurs, leur dit-elle, je crois
» qu'on trouvera tous mes os réduits en cendres
» quand je mourrai, et que les moëlles en sont déjà
» desséchées par les ardeurs effroyables que j'y en-
» dure. » Après cette naïve, mais effrayante déclaration, ces médecins se regardaient les uns les autres très-étonnés d'entendre des choses si inouïes, qui étaient hors de leur expérience, et même de leurs connaissances. Elles les confirmaient toujours mieux dans leur premier sentiment, que les cruelles douleurs dont elle venait de donner une idée par son exposé, ne pouvaient avoir qu'une cause surnaturelle, et qu'il n'y avait que Dieu qui en fût le véritable principe. En entendant cette conclusion, la Sainte fille dit à l'oreille du père Lorenzana son Confesseur, que ces médecins ne se trompaient pas dans leur jugement, et qu'ainsi, puisque Dieu seul était l'auteur de ses maux, il n'en fallait chercher le remède qu'en lui par l'amour et la patience, dans dans un entier abandon à tous ses desseins. Après que les médecins se furent retirés, elle-

pria qu'on ne vînt plus l'entretenir, et qu'on la laissât seule durant quelques jours, afin d'être plus libre de s'unir à Dieu dans les dispositions de sa sainte volonté, se sentant attirée à mourir sur la Croix de son divin Époux, où il avait bien voulu l'attacher.

Le jour de la Transfiguration 6 d'août, au lieu de participer à la gloire de son Sauveur sur le Thabor, elle le suivit sur le Calvaire pour partager l'excès des douleurs qui précédèrent sa mort. Elle devint paralitique de tout le côté gauche ; loin de diminuer, ses douleurs augmentaient. Deux jours après elle fut attaquée tout à la fois de pleurésie, d'asthme, de sciatique, de coliques violentes, d'accès de goutte, et par surcroit de cruels accès de fièvre. Afin qu'elle approchât davantage de son état crucifié, son divin Époux permit que les douleurs de ses maladies compliquées se réunissent en une seule, avec des tourmens inconcevables. De sorte qu'elle endura sur son lit où son divin Maître l'avait clouée, un martyre aussi méritoire et avantageux pour elle, que celui que tant de saints avaient souffert sur les roues et sur les chevalets.

Ce qu'il y eut de plus admirable au milieu de si nombreuses et de si cruelles douleurs, c'est qu'elle conserva toujours la plus parfaite tranquillité d'esprit. Elle était d'un calme si parfait au plus fort des accès de la goutte, dans les élancemens de sa sciatique, dans les plus vives tranchées de ses coliques, qu'on eût dit qu'elle avait un corps d'airain incapable de sentiment. Ce qui était plus admirable encore, c'est que dans le plus haut période de ses douleurs, elle ne pria jamais son divin Époux d'en diminuer la violence; au contraire, elle le supplia de toute l'affection de son cœur de les augmenter, afin de la punir dans toute la rigueur de sa justice, des excès et des crimes dont elle s'estimait coupable. Il paraissait que sa prière avait été exaucée, à en juger par les progrès et la continuité de ses douleurs, auxquelles se joignirent de si étranges convulsions qu'elle craignit qu'elles ne la privassent de l'usage de la raison. C'est pourquoi elle demanda les larmes aux yeux à tous ceux de la maison, de joindre leurs prières aux siennes afin que Dieu la préservât de ce malheur, qu'elle redoutait plus que tous les maux du monde.

Dieu se laissa toucher par les vœux de sa servante. On observa que sa raison fut conservée jusqu'à son dernier soupir, dans des états si effrayans et parmi les vapeurs continuelles que la chaleur brûlante de ses entrailles envoyait au cerveau; ce qui devait la jetter dans les plus étranges rêveries. On observa qu'elle en fut préservée par une grâce spéciale et qu'avec toute sa présence d'esprit, elle eût encore l'usage de la parole, pour exprimer ses pensées jusqu'à la mort. Ce qu'on regarda avec d'autant plus de raison comme miraculeux, qu'elle parut souvent hors d'elle-même sans aucun usage de ses sens extérieurs, soit par la violence des douleurs, soit par les ravissemens où elle était élevée : car il semblait alors que son ame avait abandonné son corps, pour s'unir plus étroitement à Dieu. Un des plus terribles effets de ses douleurs était la soif brûlante qui la dévorait et qui s'aggravait toujours plus par le feu de ses entrailles, sans qu'elle pût calmer ses cruelles ardeurs par une seule goutte d'eau, parce que les médecins le lui avaient défendu. Elle préférait se priver de ce soulagement plutôt que de manquer à l'obéissance, et afin d'être en tout conforme à son Divin Sauveur.

Dès le principe de cette maladie, elle se confessa tous les jours, et pour se mieux disposer à la mort elle fit une confession générale de toute sa vie, qu'elle accompagna de tant de larmes, de gémissemens et de sanglots redoublés, qu'on les entendait des appartemens voisins et qu'on en était vivement pénétré. Elle avait fait de pressantes instances pour qu'on lui donnât les derniers sacremens; le délai qu'on y mit ne fit qu'augmenter et son amour et ses désirs, qui ne furent satisfaits que trois jours avant sa mort. Ce temps fut tout employé à s'y préparer par le plus profond recueillement et par les actes intérieurs qu'elle ne cessait de faire des vertus qui avaient formé le tissu de toute sa vie. Lorsque le Saint Sacrement entra dans la maison, elle parut toute changée; la force de son amour pour son Sauveur qui venait mettre le sceau à tant de grâces dont il n'avait cessé de la combler, et aux mérites qu'elle avait acquis par tant d'actions saintes et de si rudes douleurs, la transforma toute en lui. Si elle n'exprima pas alors par des paroles enflammées, comme elle l'avait fait si souvent, sa foi, sa confiance et tous les sentimens dont elle était remplie, c'est qu'elle fut environnée dans la gloire inhérente à son Sauveur, et cachée dans cet ineffable mystère. Son visage où l'on voyait auparavant les pâleurs de la mort reprit toute sa première beauté ; la gloire dont son divin Époux lui donnait le dernier gage, était sensible aux yeux des assistans, qui lisaient dans ses regards fixés sur la sainte Hostie tous les transports de son allégresse. Elle entra dans une douce extase qui la tint unie à l'objet de son bonheur et de ses vœux après la communion. Immobile, et toute absorbée en Dieu, elle reçut l'Extrême-Onction et recouvra l'usage de ses membres ; ceux qui l'avaient vue auparavant dans l'impuissance de les remuer à cause de différens maux qu'elle souffrait, ne furent pas peu surpris de la voir ainsi disposée à recevoir les saintes Onctions sans l'assistance de personne. Elle ne sortit de cet assoupissement que pour prononcer d'une voix fort intelligible : qu'elle mourait et qu'elle voulait mourir par la grâce de Dieu, en vraie fille de la Sainte Église Romaine ; ce qu'elle répéta plusieurs fois avec un plaisir délicieux, remerciant Dieu de la grâce de son Baptême.

Elle ajouta aussi dans les mêmes sentimens de jubilation et de reconnaissance qu'elle était fille du grand saint Dominique, et alors elle baisait avec respect son grand scapulaire du Tiers-Ordre, qui était étendu sur son lit. Enfin pour imiter en tout la charité de son divin Maître, elle le pria avec les plus tendres sentimens, pour tous ceux qui l'avaient offensée de paroles ou d'actions, le conjurant de les combler de ses grâces, et de leur faire la même miséricorde qu'elle espérait de sa bonté, et tenant un petit crucifix dans sa main, elle ne pouvait se rassasier de le baiser en disant : *père, pardonnez-leur ! père, pardonnez-leur !* après avoir exprimé parfaitement sa charité, il ne lui restait plus, pour mourir unie à lui, qu'à imiter son humilité. Elle demanda pardon baignée dans ses larmes à tous ceux de la maison de tous les manquemens qu'elle croyait avoir à se reprocher à leur égard ; elle qui n'avait cessé de leur donner de si beaux exemples et de les combler de consolation. On devine l'impression que cet aveu produisit sur tous ceux qui l'entendaient ; ils ne purent y répondre que par des larmes et des sanglots déchirans. Rose ayant porté ses yeux sur sa mère qui était à ses côtés, elle donna l'essort à toute sa piété filiale : *ô ma bonne mère !* lui dit-elle, *ma douce mère ! que j'ai du regret de vous avoir été si fort à charge ! pardonnez-moi les peines que je vous ai causées et celles que je vous donnerai encore, dans les deux jours qui me restent à vivre. Je renouvelle l'humble prière que j'ai faite depuis long-temps à mon divin Époux, de vous conserver dans toute la force de son amour et de sa protection, et de vous dédommager du sacrifice qu'il vous faut faire généreusement à sa divine volonté.* Elle fit approcher ses deux frères et leur dit : *vous voyez, mes chers frères, que je m'en vais et que je ne pourrai plus servir en ce monde notre bon père et notre bonne mère, acquittez-vous fidèlement de ce devoir, je vous en conjure, pour vous et pour moi, qui ne le pourrai plus.*

Il paraissait qu'elle avait amplement satisfait à tous les devoirs de sa charité : mais dans les Saints elle est inépuisable proportionnément, comme elle l'est toujours dans sa source. Celle de Rose, acquérait ce semble, de nouvelles forces par la faiblesse de son corps. Elle se tenait trop obligée à Dom Gonzalez, ce généreux bienfaiteur, pour qu'elle ne lui fît pas les plus sincères et les plus affectueux remercîmens, pour tout ce qu'il avait fait pour elle et pour subvenir à la détresse de ses parens. *Encore un peu de patience, très-cher Seigneur*, lui dit-elle, *et vous serez délivré de la dépouille mortelle de cette pécheresse, qui vous a causé tant de sollicitudes et qui a donné tant de fatigues à toute votre famille.* Dans le temps qu'elle s'humiliait ainsi, toutes les personnes de cette maison, si recommandables par la plus haute piété, fondaient en larmes et en sanglots. Il leur était annoncé et rien n'était plus vrai, qu'ils allaient perdre le plus précieux et le plus inestimable trésor. Ce Seigneur qui craignait avec raison, qu'après sa mort il ne s'élevât des contestations au sujet de sa sépulture, entre la Paroisse dans laquelle elle se trouvait, et les Religieux de saint Dominique à qui elle appartenait par sa profession dans leur ordre, l'avertit à ce sujet afin qu'elle s'expliquât. Bien que notre Sainte, qui avait tant aimé à se cacher durant sa vie, désirât encore plus d'être cachée et oubliée après sa mort, elle se crut obligée de manifester son attachement et sa vénération pour le saint Ordre à qui elle était si redevable. C'est pourquoi elle adhéra au conseil de ce Monsieur, et elle exprima devant toute la maison et les Pères Dominicains, le désir qu'elle avait d'être ensevelie charitablement dans leur Église; et comme elle s'estimait indigne de cette faveur, elle leur dit que ce serait pour elle une grande consolation et un grand profit d'avoir part à leurs prières journalières.

Elle tendait visiblement à sa fin, et quoique les forces du corps l'abandonnassent, celles de son ame agissaient encore avec une vigueur étonnante. Toujours unie à Dieu, elle était dans des ravissemens et des extases continuels; cette application épuisait le corps dans le temps qu'elle préparait l'ame au bonheur éternel. Deux jours auparavant voyant arriver la mort, elle désira recevoir la dernière bénédiction de ses parens: son père qui était malade, se fit porter de sa maison auprès d'elle, suivi de sa mère. Lorsqu'elle les vit, elle leur baisa la main à tous les deux, avec un respect touchant, et ramassant le peu de forces qui lui restait, elle les remercia de leurs bienfaits et de tout ce qu'ils avaient fait pour elle, avec des expressions si affectueuses et si inanimées qu'ils eurent à peine la force de la bénir, comme elle le désirait. Elle adressa encore, à toute la maison de Dom Gonzalez, et à tous ceux qui l'avaient assistée dans sa dernière maladie, des paroles de consolation : les exhortant tous, avec une charité admirable dans une personne qui se mourait, à persévérer constamment dans l'amour et le service de Dieu. Elle donna quelques avis particuliers à ses frères, et aux filles de Dom Gonzalez, pour lesquelles elle avait toujours eu une affection particulière, les portant avec des paroles embrasées, à l'amour et à la pratique de la vertu; après quoi paraissant s'assoupir, elle entra dans une extase dont elle ne revint que deux heures avant sa mort. Ayant vu dans sa chambre le Père François Nieto, elle lui dit : *ô mon père, que n'aurai-je pas à vous dire des délices ineffables dont Dieu comblera ses élus dans l'éternité ; je m'en vais avec une incroyable satisfaction de mon esprit, contempler la face adorable de mon Dieu que j'ai souhaité de posséder tout le temps de ma vie.* Ce furent à-peu-près ses dernières paroles.

Sur le minuit elle entendit comme un bruit mystérieux qui semblait l'avertir de l'arrivée de son divin Époux, elle se disposa à le recevoir et fut au-devant de lui avec une joie inconcevable. Se voyant au point de rendre l'ame, afin de mourir sur la Croix comme lui, elle pria son frère d'ôter le coussin qui était sous sa tête, et d'y mettre à sa place deux morceaux de bois. L'ayant remercié de ce service, elle appuya sa tête sur cette espèce de croix, comme s'il ne lui eût plus manqué que cette dernière ressemblance avec son bon Maître; elle répéta par deux fois avec la voix la plus douce: *Jésus, soyez avec moi! Jésus, soyez avec moi!* et elle s'envola dans le sein de Dieu, dans une parfaite tranquillité, sans le moindre mouvement. C'était le 24e d'août, de l'an 1617, et la 31e année 4 mois et 4 jours de son âge. C'est par cette mort aussi douce et aussi précieuse que se termina une vie aussi sainte et aussi riche en tout genre de vertus, et de mérites.

Rose n'était plus!.... Déjà elle possédait la couronne que tant de combats et de victoires lui avaient méritées; cependant, elle était recherchée, elle était appelée de tous côtés. Alors se vérifia en elle ce qui est dit au Livre de la Sagesse * « que la » mémoire d'une ame qui est belle par l'éclat d'une » grande pureté et celui de la vertu, est immor- » telle. Elle est en honneur devant Dieu et devant » les hommes : on la regrette lorsqu'elle s'est reti- » rée, elle triomphe après sa mort, elle est cou- » ronnée pour jamais comme victorieuse, après » avoir remporté le prix dans les combats pour la » chasteté. » On verra par ce que nous dirons ci-après, que sa mort et ses obsèques furent un véritable triomphe. Elle avait à peine cessé de vivre, que le Ciel manifesta sa sainteté par des prodiges. Une personne de haute vertu qui était présente à

* Livre de la Sagesse, chap. 4. v. 1.

son trépas, déposa avec serment qu'une troupe d'Anges entouraient son lit en ce moment, pour porter son ame dans le sein d'Abraham. Il lui avait été aussi révélé que sa mort serait admirable, son tombeau glorieux, et qu'au lieu des tentures noires dont on pare les lieux où l'on dépose les défunts ordinaires, toutes les décorations pour elles seraient en blanc, pour marquer la joie de son triomphe. Cependant dans la maison de Gonzalez, on ne pouvait se persuader qu'elle fût morte, on ne pouvait se lasser de l'admirer, tellement les beautés qu'exprimaient son visage, étaient ravissantes; on doutait encore que son ame se fut séparée de son corps. On voyait en effet sur son visage un teint frais et la vivacité des couleurs qui lui avaient fait donner le nom de rose, ses lèvres étaient vermeilles, un peu retirées, de manière qu'elles formaient un sourire agréable; il y avait tant d'éclat et de vivacité dans ses yeux, en un mot tant de marques de vie, qu'afin de s'en assurer on en vint aux épreuves. On approcha de sa bouche plusieurs fois la glace d'un miroir, et comme elle n'en ternit pas le lustre par la respiration, on convint qu'elle était réellement morte. C'était vers minuit qu'elle avait cessé de vivre, et avant le jour la maison du Receveur Dom Gonzales, fut assalilie d'une foule nombreuse de tout état et de tout sexe, sans que personne en fut sortis pour donner la nouvelle de sa mort. Le jour s'étant avancé, cette foule s'accrut à un point qu'il n'était plus possible de garder la porte. C'étaient les nobles, les bourgeois, les prêtres, les religieux, les artisans, les pauvres, les enfans, les Espagnols, les Indiens et les naturels du pays; on força la barrière, on entra confusément pour voir la Sainte et on lui adressa des vœux.

La nouvelle de sa mort fut bientôt répandue, non-seulement dans cette grande ville, mais encore dans la campagne, et les pays circonvoisins, de sorte que toutes les vastes appartemens qui composaient la maison de Don Gonzalez ne suffisaient pas à l'affluence qui s'y succédait; on ne pouvait plus s'y remuer, on y étouffait; chacun voulait la voir et satisfaire sa piété. Ce n'était pas ici une vaine curiosité, c'était le sentiment spontané de cette profonde vénération et de cette haute estime que tous les habitans de Lima avaient conçue depuis long-temps de son éminente sainteté. On enleva toutes les fleurs qu'on avait jetées sur son corps, on ne se lassait pas de baiser ses mains et ses pieds, on découpa ses habits. On s'entretenait de tant de traits de vertu, d'actions généreuses, de dons surnaturels dont la plupart avaient été les témoins; mais ce qu'il y avait de plus attendrissant parmi ce concours prodigieux, c'étaient les cris et les sanglots des pauvres et des malades qui exaltaient les soins et les services de toute espèce qu'elle leur avait constamment prodigués. On s'efforça à plusieurs reprises de lui fermer les yeux qui restaient toujours ouverts, sans pouvoir y réussir, elle paraissait encore animée de ce zèle qui l'avait dévorée, pour porter tout le monde à l'amour et au service de son divin Époux J.-C.

Cependant cet enthousiasme général se soutenait et augmentait de plus en plus. La foule s'était emparée non-seulement de la maison de Dom Gonzalez, mais encore des places, et des rues voisines qui y aboutissaient. L'Archevêque lui-même qui était sorti de son palais pour honorer la Sainte, en attendant de faire la levée du corps, ne put pas percer la foule pour y arriver. Le jour déclinait, et il fallait penser à la transporter à l'église des Religieux Dominicains, où devaient se faire les funérailles. Comme il n'y avait plus de voie pour y arriver, le Vice-Roi fut obligé d'envoyer une partie de sa garde, et un fort détachement de soldats de la garnison, pour écarter la foule immense qui obstruait tous les passages. Les mesures nécessaires étant prises, le convoi se fit avec toute la pompe et la solennité qu'exigeaient le mérite de l'illustre défunte, et la vénération publique.

CHAPITRE XXI.

DE LA POMPE DE SES FUNÉRAILLES.

Cet oracle de la vérité éternelle, que celui qui s'abaisse et s'humilie sera exalté, parceque le Seigneur porte des regards de complaisance sur les petits et les humbles de cœur, s'accomplit sur notre sainte avec la plus grande précision, par les honneurs qu'on lui rendit après sa mort dans sa patrie, et qu'on a continué de lui rendre ensuite dans tout le monde chrétien. Il était plus que convenable, d'après tout ce que nous venons d'exposer, qu'afin de satisfaire à cet empressement de toute une grande ville, on donnât à la marche du convoi toute l'extension possible, pour que tous ceux qui n'avaient encore pu voir la Sainte eussent cette consolation. Ce qui est digne de remarque c'est que ni sa famille, ni celle de Dom Gonzalez n'avait fait aucune invitation pour cette cérémonie, et que tout le monde aurait voulu s'y trouver. Mais si tous ne purent se mettre en rang au moins tous furent présens à son passage; il n'y eut personne de marquant dans toute les classes de cette immense cité, qui ne voulût y figurer. Monseigneur l'archevêque D. Barthélemy Lobo Guerrero qui l'avait tant affectionnée, ne crut pas trop faire d'y officier pontificalement, à la tête de tout son chapitre. Toutes les paroisses de la ville et tous les couvens s'y rendirent en procession, avec leurs croix et leurs bannières, tous les corps administratifs, les magistrats, les chevaliers, et toute la noblesse s'y trouvèrent aussi; il n'y eut pas jusqu'au sénat, qui ne rend cet honneur qu'au vice roi, qui ne se fit un plaisir d'y assister. Une foule innombrable de peuple, de tout âge et de tout sexe, précédait et suivait la Sainte dépouille dans un maintien triste et dévot, répandant de douces larmes et faisant retentir les airs de ces cris de jubilation : *c'est Rose la sainte ! c'est Rose l'amie chérie de Dieu ! c'est notre tendre mère ! c'est l'honneur de notre nation !*

Le moment du départ arrivé, un incident imprévu faillit troubler la joie de cette magnifique solennité. Il s'éleva une petite contestation entre les membres de cette auguste assemblée, qui se disputaient le bonheur de porter cette précieuse relique, le clergé revendiquait ses droits, la magistrature et la noblesse avaient aussi des prétentions à cet honneur; dans d'autres temps peut-être et d'autres circonstances, il en fut résulté des suites fâcheuses, mais heureusement au milieu de ces débats présidait un bon esprit, le véritable esprit de la religion, l'esprit de la vraie et solide piété, qui bien loin de rechercher les attributions de la vanité et de l'amour-propre, ne s'attache qu'à ce qui peut propager la gloire du vrai Dieu, et celle des Saints; on décida sans peine qu'on la porterait tour-à-tour, et que le clergé commencerait. Ce furent donc les chanoines de la métropole qui se chargèrent les premiers, de cet honorable fardeau, les sénateurs les relevèrent, ensuite d'autres membres du clergé inferieur; la noblesse, toutes les corporations de la ville partagèrent cet honneur. Comme ces corps étaient nombreux, pour les contenter tous, on changeait de porteurs presque à toutes les rues, et toujours dans un ordre parfait: l'entrée à Rome des conquérans après les plus célèbres victoires, n'était pas plus éclatante. Si la troupe n'eût maintenu la voie libre, le cortége aurait eu de la peine à passer, tant était grande partout l'affluence des spectateurs ; outre les fenêtres, on occupait encore la toiture des maisons devant lesquelles passait la procession. On sent bien qu'on ne pouvait aller vite soit par l'ordre que suivait la marche, soit par la quantité d'infirmes affligé, de divers maux, qui conjuraient à grand cris, qu'on les laissât approcher pour présenter leurs vœux, à mesure qu'on posait le cercueil. Tout fut admirablement bien règlé jusqu'à l'église, où se termina la cérémonie, et l'ordre ne fut jamais troublé, grace à la discipline des soldats qui bordaient la haie.

L'embarras n'était pas petit pour faire entrer dans l'église le nombreux cortége et arrêter la multitude prête à s'y précipiter. Bien que la garde du vice-roi et les soldats fissent bonne contenance, on n'y réussit qu'en assurant à cette foule que le Saint Corps serait exposé le lendemain toute la matinée, et que tous à loisir pourraient satisfaire leurs désirs. Arrivé à la porte de l'église le Père prieur du couvent avait député les plus anciens et les plus vénérables de ses religieux, pour entourer le corps, et le préserver des excés d'une dévotion indiscrète du peuple qui, sous prétexte de prendre des fleurs qui la couvraient, ou des parcelles de l'habit du tiers ordre de saint Dominique dont elle était revêtue, l'auraient déchiré pièce à pièce. Sur la promesse qu'on fit pour le lendemain, la plûpart s'étant retirés, il fut possible d'entrer ; mais auparavant ce qu'il y eut de remarquable et ce que tout le monde admira, ce fut que, la Sainte étant parvenue devant la porte de ce saint Temple où elle avait reçu de son divin époux de si rares faveurs, on vit sur son visage, des signes extraordinaires qui semblaient annoncer la joie qu'elle avait de se voir dans le lieu de ses délices durant son pélérinage, et où elle trouverait son repos jusqu'à la résurrection glorieuse. Ce qui fut encore plus ravissant, c'est qu'en même temps la vénérable statue de Notre-Dame du Saint Rosaire, placée sur l'Autel de la chapelle jeta des rayons lumineux qui frappèrent tous les yeux; on cria au miracle, on accourut de nouveau pour le voir, et s'en assurer, il n'y eu personne d'embarrassé pour en faire l'application, c'était la fille la plus accomplie, qui se réunissait à sa bonne et tendre mère pour ne s'en séparer jamais. Les religieux gardiens du Corps placé au milieu de l'église, ne suffisaient pas à comprimer les cris des aveugles, des sourds, et d'une quantité d'autres malades, qui demandaient à toucher la relique, ou au moins quelque morceau de ses habits, dans l'espoir d'y trouver le remède à leurs maux. On ne put les repousser; mais comme après ceux-ci tout le monde demandait la même faveur, l'archevêque pour arrêter l'importunité de la multitude fit porter la Sainte dans une chapelle intérieure du couvent. La nuit était arrivée, et il fallait fermer les portes de l'église; cet expédient réussit à faire retirer le peuple du lieu saint, et donna moyen à plusieurs personnes distinguées de rendre les devoirs de la piété chrétienne à celle qu'elles estimaient si justement. L'illustre pontife fut le premier ; il se mit à genoux, et lui baisa les mains, le reste des assistans et toute la communauté fort nombreuse suivit son exemple ; ainsi se termina cette première journée.

Le lendemain après qu'on eût exposé dans l'église le Corps de la Sainte dès le grand matin, le concours du peuple y fut encore plus grand que la veille, il s'était accru des habitans des pays voisins, de 10 à 12 lieues de distance. L'empressement pour l'approcher et lui faire toucher les objets auxquels on croyait qu'il communiquerait une vertu céleste était excessif : c'étaient des chapelets, des livres, des images, des linges et des voiles pour les malades. En sorte que, malgré l'attention des douze religieux employés autour du Corps, on ne pût éviter la confusion, il fallût céder à cette ardeur, qu'on ne pouvait guère plus blâmer, qu'arrêter Ce qui est certain, et ce qui justifia les motifs qui dirigeaient la dévotion de ce bon peuple, c'est qu'un grand nombre de miracles s'opérèrent en faveur des affligés qui reclamaient sa protection ; il y eut des aveugles, des sourds, des muets, des paralytiques guéris, comme on le verra ci-après. Outre la peine de pénétrer dans l'église, tant la presse était grande, le bruit qu'excitaient les prières, et les soupirs des infirmes qui imploraient le secours de la Sainte, les cris des enfans qu'on se donnait de main en main, pour les présenter à celle qu'on voulait intéresser à leur destinée, n'empêcha pas, lorsque le noble cortége qui l'avait accompagnée la veille fut rendu, qu'on ne célébrât la messe solennelle. Elle fut chantée par l'illustre pontife, les chantres se placèrent autour de l'autel, à cause que la voix de la multitude, qui priait à sa manière étouffait celle du clergé. Midi avait sonné lorsqu'elle fut terminée; pour tromper le peuple et s'en débarrasser on ne finit pas les prières de la sépulture, laissant croire qu'on les ferait le soir, par ce moyen chacun se retira chez soi et on fut libre.

Les portes étant fermées on fit à voix basse les prières et les cérémonies de l'inhumation, et on procéda à cacher ce précieux trésor dans la terre; il fallut auparavant que les sœurs du tiers-ordre et quelques dames pieuses le revêtissent de nouveaux habits; c'était pour la sixième fois qu'elles le faisaient tant l'ardeur du peuple à s'en procurer des parcelles était insatiable, on la revêtit du grand scapulaire de laine blanche, du grand manteau noir de même étoffe, des voiles et des guimpes usitées; on la couronna de belles fleurs, et on s'apperçut que ses membres étaient encore flexibles, comme si elle eut été vivante, et qu'elle conservait sur son visage les mêmes couleurs et les mêmes marques qu'on y avait admirées peu après sa mort· Quoiqu'il y eut déjà près de trois jours qu'elle avait expiré, et qu'on fut alors dans les ardeurs de la canicule : son Corps ne présentait pas le moindre signe de corruption; on la mit dans un cercueil de bois de cèdre, et on l'ensevelit dans une fosse préparée au milieu du chapitre des religieux, on la recouvrit avec des briques bien cimentées. Cependant tout n'était pas fini avec la populace exaltée, quand les portes de l'église se rouvrirent, à l'heure des vêpres, voyant qu'on l'avait trompée, elle se précipita dans le lieu où se trouvait l'objet de sa vénération; prosternée sur la fosse elle l'arrosait de ses larmes, en implorant son crédit auprès de Dieu.

Tout ce qui rapellait son souvenir, fut dès lors le sujet de la vénération de cette grande ville, ses instrumens de pénitence et ce qui avait été à son usage devint l'objet d'un culte particulier. La maison de son père était tous les jours environnée de carrosses des personnes du premier rang qui venaient contempler l'hérmitage où elle avait passé la plus grande partie de sa vie, dans les pratiques de la plus haute sainteté. C'est dans ce monument consacré par une sublime piété, qu'on aimait à se rappeler les rigueurs de sa retraite, son entière séparation du commerce des créatures, ses longues et continuelles communications avec le Ciel; tout ce qu'elle y avait fait, et y avait souffert pour l'amour de son Dieu, ainsi que les rares faveurs qu'elle y avait reçues de sa divine bonté; en un mot tous les traits d'une vie si sainte, étaient devenus le sujet des entretiens des sociétés. Ce n'était pas ici au reste une effervescence populaire, qui se dissipe dès qu'on perd de vue l'objet qui l'a produit, les exemples frappans de vertus aussi rares, tant de faits prodigieux, qu'elle avait cachés avec un si grand soin, étaient dévoilés; les témoins oculaires de ces faits étaient juridiquement interrogés, et obligés à les déclarer par l'autorité légitime. Leurs dépositions devinrent le sujet des plus sérieuses et des plus efficaces reflexions; en soutenant et accroissant l'estime et la vénération qu'on portait à la Sainte, elles inspiraient la plus grande confiance à son crédit auprès de Dieu; déja partout on l'invoquait, et ce n'était pas en vain, comme on ne tardera pas à le voir.

Lima ne se croyant pas encore assez acquittée envers la Sainte qui était née dans ses murs et l'avait illustrée par ses vertus, voulut lui faire un second service solennel, et comme toutes les autorités de la ville désiraient l'honorer de leur présence, il fallait trouver un jour où l'archevêque et le vice-roi qui devaient y présider, fussent libres de leurs fonctions; après quelques légères difficultés la cérémonie fut fixée au 4 septembre suivant, jour consacré à honorer Sainte Rose de Viterbe dont nous avons parlé dans notre préface. Ce jour étant venu, les invitations furent faites aux corporations et aux mêmes personnes marquantes qui avaient assisté aux funérailles, toutes les cloches de la ville annoncèrent la veille, la pieuse cérémonie; chacun se rendit à l'heure fixée, Comme l'affluence ne fut pas moindre qu'aux obsèques, on regarda comme heureux ceux qui purent s'y placer, rien de ce qui pouvait en relever la pompe et l'éclat ne fut oublié, de sorte qu'on disait partout que, jamais princesse du monde n'avait reçu à sa mort, au moins à Lima, autant d'honneur que Rose. L'archevêque y officia encore pontificalement, ce qu'il y eut de singulier, c'est que pendant que le premier pasteur et tout son clergé, séculier et régulier, recommandaient à Dieu, à haute voix l'ame de Rose, le peuple se recommandait à ses prières, et l'invoquait comme sa protectrice.

Le bruit de sa précieuse mort s'était répandu par tout, et avait pénétré dans les pays même les plus éloignés; les villes, les hameaux, comme les bourgades, la vénéraient et retentissaient de la gloire de son nom et de ses vertus. La fameuse ville de *Potosi* qui est distante de plus de trois cent lieues de celle de Lima, fut une des premières à témoigner son respect à la bienheureuse Rose, c'est ainsi qu'on l'appellait déjà, et à honorer sa mémoire. Dès qu'on y eut appris son décès, elle manifesta sa joie dans la ferme croyance qu'elle avait de son bonheur, par l'explosion de toute sa formidable artillerie, et par le son de toutes ses cloches; bien plus on éclaira une infinité de lustres à toutes les fenêtres, ce qu'on n'avait jamais vu dans aucune réjouissance publique. Déjà la vision dont nous avons parlé au moment où elle expira, et qui marquait que son tombeau serait glorieux, se vérifiait; les miracles qui se faisaient par son intercession, non seulement à Lima mais encore dans tous les autres pays du Pérou, autorisaient la confiance qu'on avait en elle ainsi que les vœux qu'on faisait à son sépulcre et les dons qu'on y envoyait de bien loin. Grand nombre de pieux et fervens chrétiens s'y rendaient pour lui rendre leurs hommages, exaltant sa gloire par des marques de leur affectueuse piété, dévançant le jugement que l'église romaine, l'oracle de la suprême vérité, devait porter de sa sainteté inconstestable.

Cette dévotion générale aux mérites de notre bienheureuse Rose, augmentait chaque jour en proportion des grâces et des faveurs don Dieu se plaisait à l'autoriser. Son tombeau était une source de vie, et de salut pour toutes les personnes qui y recouraient dans un esprit de foi, et de véritable piété. Des paralytiques, des aveugles, et beaucoup d'autre infirmes y étaient guéris subitement, et y laissaient avec les preuves de leur reconnaissance, celles de leurs précédentes infirmités. Ces guérisons surnaturelles, n'étaient pas de nature à pouvoir être contestées, et attribuées à une dévotion puérile et illusoire, effet d'une imagination exaltée, ou d'un enthousiasme aveugle. Elles avaient comme on le verra bientôt grand nombre de témoins recommandables sous tous les rapports, mais avant d'entamer cette matière qui est assez ample; il nous faut parler de la translation de son Corps, à laquelle ces guérisons miraculeuses donnèrent lieu.

Le local où l'on avait d'abord placé le Corps de la Sainte, était bien peu commode pour satisfaire cette dévotion toujours croissante, l'affluence continuelle qui entourait son tombeau, placé dans l'intérieur du couvent des Dominicains était bien incommode à ces religieux. Tous les ordres de la ville tant écclésiastiques, que civils réunis en conseil après en avoir sérieusement délibéré, résolurent de supplier monseigneur l'archevêque de ne pas permettre que le Corps de la bienheureuse Rose qui était le plus riche trésor que possédait la ville de Lima, restât plus long-temps caché dans l'obscurité, et de le prier qu'il convenait de l'exposer aux yeux du public, afin de contenter l'empressement de tant de monde qui la regardait comme son ange tutélaire. Cette demande qui était d'ailleurs dans le vœu, et l'affection de l'illustre prélat pour la sainte fille, en fut accueillie avec toute la bienveillance qu'on pouvait se promettre, et il fut décidé qu'en la retirant du lieu où elle était, on le placerait dans l'endroit le plus apparent de leur église parce qu'elle en avait fait l'humble demande avant sa mort et qu'on voulait aussi arrêter et prévenir, les efforts que pourraient faire à cette occasion d'autres églises pour se le procurer.

CHAPITRE XXII.

TRANSLATION DE SON CORPS, DÉCRET POUR PROCÉDER A SA BÉATIFICATION.

Tout étant arrêté et disposé pour la cérémonie de la translation du Corps de l'humble Vierge, elle fut fixée aux premiers jours de l'année 1619, seize mois environ après qu'il avait été mis dans la terre. Tous les ordres de la ville, l'archevêque et tout le clergé se rendirent à l'église des Dominicains, avec une grande foule de peuple; après avoir imploré le secours du Ciel par des ferventes prières, on alla au chapitre des religieux, où le prélat donna l'ordre qu'on découvrît la fosse où reposait la Sainte fille; on n'avait pas fini d'enlever encore tous les matériaux et la terre qui couvraient le cercueil, qu'il en sortit une odeur si agréable, que tous ceux qui étaient présens crièrent au miracle : il n'y avait au reste rien de surprenant, puisque cette rose si rare avait conservé toute sa fraicheur dans un si long espace de temps. Le cercueil exhumé ayant été ouvert, le Corps fut trouvé absolument dans le même état qu'il était lorsqu'on l'avait mis dans la terre : les membres aussi sains et aussi souples, le visage et le teint tel qu'il était après sa mort. On le transporta du chapître à l'église avec une pompe toute nouvelle; on le plaça dans la grande nef pour donner à tous ceux qui n'avaient pu assister à la cérémonie de la translation le moyen de le voir, la seule altération qu'on remarqua dans le Corps de la Sainte, c'est que les mains, qu'on avait tant baisées après sa mort et frottées avec des chapelets et des médailles, étaient un peu moins blanches que le visage. Les devoirs et les honneurs qu'on lui rendit surpassèrent de beaucoup tout ce qu'on avait fait à ses funérailles; un des plus fameux prédicateurs de la province, fit avec un grand talent l'éloge des vertus admirables de cette digne épouse de Jésus-Christ; il fit couler les larmes de toute l'assemblée, et après que chacun eût satisfait sa pieuse curiosité et sa dévotion, on la plaça dans son nouveau tombeau. On avait pensé d'abord à le mettre dans un petit caveau au côté droit du maître Autel, mais à cause du concours des peuples et des malades qui ne cessait pas, des béquilles et des ex-voto qu'on y plaçait, ce qui troublait l'ordre des offices divins, on résolut de le placer dans une chapelle latérale dédiée à sainte Catherine de Sienne, où le peuple pouvait, plus commodément sans crainte d'irrévérence satisfaire sa dévotion.

Le cercueil de la Sainte, un peu noirci par le contact de la terre, fut remplacé par une caisse de cèdre également dorée dedans et dehors, et on entoura la châsse d'une grille de fer toute dorée, et pour mieux la préserver, la châsse outre les deux serrures qu'on y avait mises, fut encore scellée du sceau de toutes les autorités. Ce fut le 18 mars 1619, que se fit cette déposition qui était toutefois résolue dès les premiers jours de janvier, approuvée par une ordonnance de Monsgr. Lobbo Guerrero, archevêque de Lima, du 27 février, et que de bonnes raisons firent différer jusqu'au 18 mars. Dans le temps qu'au Pérou on honorait ainsi cette pauvre et modeste fille, et que tant d'affligés recevaient par son crédit les grâces les plus signalées, on s'occupait à Rome de ses mérites et de ses vertus, dont la renommée avait frappé tous les esprits d'admiration. Mais comme on ne se décide pas à la légère, dans les jugemens qu'on porte en pareille occasion, on y avait apprit tout ce qu'on avait fait à Lima, et le culte public qu'on y avait rendu à sa mémoire. C'est pourquoi le procureur général de l'ordre des prêcheurs, rappella à ses confrères de Lima, la Bulle d'Urbain VIII qui défend, d'invoquer publiquement les personnes mortes en odeur de sainteté, et d'exposer leurs reliques à la vénération des peuples, avant que les tribunaux établis par l'église, en aient décidé par l'organe de son chef suprême. Les religieux américains, ignoraient encore vu leur éloignement de Rome, cette Bulle, d'ailleurs assez récente; ils enlevèrent la nuit de la chapelle de sainte Catherine tous les tableaux et les ex-voto qu'on y avait suspendus et les replacèrent autour du premier sépulcre au chapitre.

Lorsque le peuple s'apperçut que son trésor, en qui il mettait tout son bonheur avait disparu, il se livra d'abord à la douleur, et bientôt aux violens transports de la colère: ces hommes simples plus zélés qu'éclairés, se montraient si exaspérés qu'il y avait tout à craindre qu'ils ne se portassent aux dernières extrêmités, parce que le bruit courait déjà qu'on avait transporté le saint Corps en Espagne. Ils vinrent en tumulte à l'église, toute la ville fut en mouvement, on faisait les plaintes les plus amères aux religieux, on les menaçait, et même plusieurs tiraient du fourreau les armes qu'ils portaient; il ne fut pas aisé dans ce premier transport de les raisonner, on en vint à bout cependant, par la douceur et la patience. Ces religieux, plus touchés de la justice des motifs, de la douleur de ces néophites dans la foi, que de leur injure personnelle, profitèrent de tout l'ascendant que leur donnait leur ministère sur des esprits égarés par trop de zèle, et qui n'avaient besoin que d'être instruits pour être ramenés, ils leur firent sentir aisément, la pureté de leurs intentions, et mieux encore la nécessité des mesures qu'ils avaient prises, tant pour la conservation de leur dépôt sacré, que pour le faire reparaître bientôt avec le sceau de l'autorité légitime, pour qu'on lui déferât tous les hommages que l'église rend aux saints dont elle approuve le culte.

Sur ces entrefaites, on reçut de Rome un Bref Apostolique de la sacrée congrégation des Rits, qui établissait au Pérou, un tribunal pour procéder à la béatification de la servante de Dieu, et qui donnait pouvoir aux PP. inquisiteurs d'informer canoniquement de la vie, des actions et vertus, de la sœur Rose de sainte Marie religieuse du tiers-ordre de saint Dominique. Cent quatre-vingt trois personnes de tout rang, se présentèrent devant ces commissaires du saint Siége; elles déposèrent dans les formes accoutumées en pareil cas, tout ce qu'elles avaient vu. Il est d'usage avant la clôture de ces procédures et informations faites dans les lieux du décés des personnes qui sont désignées pour obtenir les honneurs de la béatification, que les mêmes juges examinent le tombeau, et l'état où se trouve leur corps depuis la mort; il en dressent un acte dans les formes, pour y apposer ensuite le sceau de leur office. Il est à observer qu'avant cette ouverture, ils déclarent que la corruption, comme la conservation de ces mêmes corps, n'est pas une marque certaine pour, ou contre la sainteté de la personne, ils défendent ensuite à qui que ce soit de toucher à ces tombeaux, sous les peines les plus sévères, pas même de prendre de la terre qui les couvre. Ces pères procédèrent donc à l'ouverture du tombeau de la sœur Rose, qui était toujours caché comme nous l'avons dit plus haut, dans la chapelle de sainte Catherine depuis 15 ans qu'on l'avait retiré du chapitre. Ce qu'on avait fait seulement, était d'enlever les vœux et les marques publiques des grâces qu'on y avait reçues par sa médiation, et de suprimer le culte qu'on lui rendait en attendant que le chef de l'église l'eut approuvé, laissant le peuple dans la croyance qu'on avait remis le Saint Corps au chapitre qui, destiné à la sépulture commune des religieux, écartait l'inconvenient du culte public défendu par la Bulle d'Urbain VIII. Par là, on s'était, à la vérité mis en règle, quant à la teneur de la dite Bulle, en empêchant qu'on l'invoquât dans l'église, comme on le fait à l'égard des autres SS. canonisés ou béatifiés, mais on n'avait pas arrêté l'ardeur de la confiance qu'on avait généralement en la Sainte, ni l'empressement à l'honorer. Ce qu'on ne faisait plus l'église, on se croyait autorisé à le faire chacun dans sa maison, devant ses images ou sur son tombeau au chapitre, ou l'on venait, lorsqu'on pouvait y pénétrer, offrir encore des vœux, et prendre un peu de la terre dont on avait couvert son Corps. Au sujet de cette terre, les commissaires examinèrent le premier tombeau, et observèrent qu'on en avait retiré beaucoup depuis 15 ans, par la vertu qu'elle avait, d'après la déposition des témoins, de guérir les malades. On leur en avait produit grand nombre de preuves; ce pieux larcin se faisait par une petite ouverture d'une seule brique que le peuple avait enlevée. La quantité qui en avait été tirée et distribuée à Lima et dans tous les pays du Pérou, était prodigieuse d'après les témoignages, et cependant lorsqu'ils eurent fait ouvrir la fosse, et mesurer la terre restante, ce qui manquait ne s'éleva pas au poids de 5 livres. Cela parut d'autant plus étonnant, que plusieurs de ceux qui en distribuaient, et qui étaient présens, assurèrent qu'ayant souvent sondé le fond, par l'ouverture, ils trouvaient que le vide n'allait pas à la profondeur d'une coudée, et qu'il leur semblait que la masse loin de diminuer, augmentait sensiblement.

Il ne restait plus qu'à visiter les reliques de la sœur Rose pour clôturer le travail des commissaires. Ils firent ouvrir son tombeau, dans la chapelle de Ste-Catherine, ayant fait fermer auparavant les portes de l'église; ils n'admirent que le nombre suffisant de témoins qu'ils choisirent parmi les personnes les plus qualifiées de la ville. Après les formalités requises on plaça le cercueil devant l'assemblée, les sceaux enlevés, on l'ouvrit, et on trouva le Corps entier; seulement les os étaient couverts d'une chair desséchée, qui exhalait l'odeur la plus suave, semblable à celle des roses. Après cette vérification le cercueil fut refermé, avec toutes les précautions convenables, et les juges expédièrent à Rome le résultat de leur commission qui se prolongea pendant plus de deux ans. En attendant le jugement que porterait l'église sur les vertus et les miracles de cette illustre Vierge, la Sainte laissait échapper de toutes parts les rayons de la gloire qui l'environnait dans le Ciel, tantôt par des miracles qui s'opéraient par son intercession, tantôt par des conversions frappantes justement attribuées à sa puissante médiation, tantôt enfin par des apparitions et des révélations faites à diverses personnes aussi éclairées que pieuses, et qui par leur lumières et la gravité de leur caractère étaient à l'abri du prestige et de l'illusion des sens.

CHAPITRE XXIII.

DES RÉVÉLATIONS QU'ON A EUES DE SA GLOIRE, ET DES CONVERSIONS OPÉRÉES PAR SA MÉDIATION.

Parmi les nombreuses dépositions que reçurent les commissaires de Lima, relatives aux vertus et aux miracles de la Sainte fille, ils firent une attention toute particulière, aux apparitions qu'elle avait faites à plusieurs personnes, dont l'ingénuité du caractère, l'intégrité des mœurs, et la solidité du jugement donnaient à leur témoignage toute l'autorité nécessaire pour en assurer la vérité, et ce fut là un des points, que la sacrée congrégation des Rits examina à Rome avec le plus de soin et de sévérité. Nous ne rapporterons pas toutes celles qui sont consignées dans ces procédures; celles que nous exposerons suffiront pour justifier l'opinion générale qu'on avait de la gloire dont elle jouissait déjà dans le Ciel. C'est d'après les signes et les assurances qu'elle donna de son bonheur après sa mort, à plusieurs de ses amis, qui connaissaient la sainteté de sa vie, qu'elle vérifiait encore ce qu'a dit l'Esprit saint « que le sentier « des justes est comme une lumière brillante, qui « s'avance et qui croît jusqu'au jour parfait de « l'éternité. Que toute la ville est comblée du bon« heur du juste, tandis qu'on loue Dieu de la ruine « des méchans. »

Le Révérend père Jean de Villasbos préfet du collége des Jésuites à Lima, qui estimait beaucoup la Sainte fille, vint la voir dans sa dernière maladie, et la pria de s'intéresser à lui, afin que Dieu le mît dans l'état qui lui serait le plus agréable pour accomplir en lui ses desseins, et pratiquer les vertus les plus parfaites; il déposa que depuis sa mort il avait éprouvé tant de lumières surnaturelles, tant de douceurs et d'onction intérieure, dans tous ses exercices, qu'elles lui donnaient le plus intime sentiment de la gloire. Don Gonzalez de la Massa, grand bienfaiteur de notre Sainte Rose, déclara qu'elle s'était montrée toute éclatante de gloire, environnée d'une infinité de roses très-odoriférantes, au docteur Jean Castillo, un de ceux qui l'avaient examinée fois; qu'elle avait apparu à ce même docteur, plusieurs autres fois, s'entretenant avec lui de la félicité dont elle jouissait dans le Ciel Le même de la Massa certifia solemnellement, que durant plus de six mois il l'avait vue très souvent de nuit comme de jour, dans une magnificence de gloire qu'il ne pouvait exprimer, et qu'un jeune homme tout rayonnant venait souvent la nuit l'éveiller, et l'inviter de sa part à se lever, pour jouir de sa présence; c'était sans doute l'ange de la Sainte.

Le père Augustin de Vega, dominicain, docteur en théologie et provincial du Pérou, était malade à l'extrêmité dans le couvent de Lima, le médecin et les religieux se retirant le soir, s'attendaient à ne plus le trouver vivant, le lendemain matin; mais Rose avait appris de l'arbitre suprême le secret de son avenir. Elle apparut la nuit à Dom Christophe de Ortéga, qui dormait en sa maison et le chargea d'aller de grand matin au couvent des FF. prêcheurs, dire au P. Provincial de sa part, qu'il ne mourrait pas de cette maladie, mais que Dieu qui lui conservait la vie, voulait qu'il s'employât, avec les talens qu'il lui avait donnés, à travailler dans sa vigne, avec d'autant plus de zèle qu'il serait un jour élevé à l'éminente dignité épiscopale. L'événement attesta le miracle, et la prophétie. La vision qu'eut Hyacinthe Pacceo, n'est pas moins admirable; ce pauvre homme gagnait sa vie à transcrire les mémoires des officiers de justice; les commissaires de la cause de Rose le chargèrent de copier dans un terme assez court environ deux mille pages d'écritures concernant les informations faites à ce sujet. Le volume des écritures, la brièveté du temps, et les vives douleurs qui lui engourdirent les doigts de la main droite, le mettaient dans une étrange inquiétude, Rose était ici intéressée, elle vint à son secours, elle lui apparut durant son sommeil, s'approcha de son lit, lui prit le bras d'un air plein de douceur, lui serra les doigts avec assez de force pour l'éveiller, le guérit et disparut. Il croyait rêver, mais s'étant levé, il prit la plume et remuant les doigts mieux qu'il n'avait jamais fait, il reconnut le miracle, ainsi que tous ceux qui ayant vu sa main paralysée, furent encore plus étonnés de la facilité et de la célérité, avec laquelle il termina son ouvrage.

Plusieurs autres déposèrent l'avoir vue souvent à la suite du fils de Dieu, qui faisait rejaillir sur elle une portion de sa gloire, et lui montrait les jardins magnifiques du paradis; que d'autres fois elle lui recommandait avec instance la ville de Lima, et tous les états du Pérou. Tantôt on la voyait toute joyeuse d'entendre les dépositions qu'on faisait, aux commissaires inquisiteurs, de sa conduite passée; parmi ces témoins il se trouva une femme qui fréquentait la maison de ses parens, et connaissait mieux que bien d'autres la vie sainte de Rose, elle dit avoir entendu la nuit une voix claire, et très-intelligible qui l'éveillait en disant, ce que le peuple criait à ses obsèques, *c'est Rose la Sainte*, *Rose est véritablement une Sainte*. Ce qui lui fût si souvent répété, qu'elle le prit pour un oracle du Ciel, et se crut obligée de venir le déclarer avec serment aux juges, ainsi que tout ce dont elle avait été témoin, des vertus de Rose dans sa maison. Enfin Louise de Serrano fut une des premières qui mérita de voir la sainte ame dans le Ciel. Cette fille qui lui avait été très-chère, et qui en était digne, la vit plusieurs fois belle comme une étoile des plus éclatantes; elle l'apperçut un jour, parmi un nombre infini de saints, d'où la Sainte Vierge mère de Dieu la vint prendre par sa main, pour la faire monter sur un trône très élevé, où elle lui mit sur la tête une magnifique couronne comme à une souveraine.

Ce n'est pas seulement par ces révélations que le Seigneur s'est complu à manifester le bonheur dont il a couronné les mérites de sa fidèle servante; c'est encore par la conversion des pécheurs endurcis dont le changement avait resisté aux sollicitations les plus touchantes, et dont le retour à la grâce souvent plus difficile, selon un père de l'église, que la résurrection d'un mort, ne laissait presque plus d'espoir. Ce qu'on admira d'abord, lorsque son Corps fut exposé dans l'église, c'est que plusieurs de ces pécheurs qui vivaient dans le crime depuis long-temps, et entre autres une quantité de jeunes libertins, qui n'étaient venus à l'église que pour voir à leur aise la beauté de cette épouse de J. C., ce qu'ils n'avait jamais pu faire librement durant sa vie, furent si pénétrés de componction, les uns et les autres, qu'ils arrosèrent en sanglottant ses mains de leurs larmes, et promirent à Dieu sur le cercueil de la Sainte le retour le plus sincère vers lui. On ne tarda pas d'en voir les heureux effets, et ce ne fut pas une des moindres consolations pour sa pauvre mère, que celle de voir venir chez elle quantité de ces personnes, qui lui apportèrent des dons considérables en retour des grâces qu'elles avaient reçues par l'entremise de sa Sainte fille : c'étaient des mères, des épouses, des sœurs, qui avouaient lui devoir la conversion sincère de leurs fils, de leurs époux, de leurs frères.

Parmi ces conversions, il y en eut une qui fit surtout le plus grand bruit, ce fût celle d'un de ces hommes qui vivait plutôt en athée qu'en chrétien; dont les crimes et les désordres scandaleux, révoltaient tout le monde; ceux qui savaient qu'il n'avait jamais approché d'un prêtre, pour décharger sa conscience du poids qui l'accablait, instruits de son obstination dans le mal, le regardaient déjà comme un réprouvé. Les torrens de larmes et de sang, que Rose avait répandus pour le salut des pécheurs, unis à celui de leur auguste rédempteur, dans les trésors de la divine miséricorde, ne pouvaient qu'obtenir à ceux qui employaient sa médiation, les fruits de pénitence les plus abondants. Une personne pieuse qui s'intéressait à ce pécheur, vivement touchée de son état déplorable, s'adressa à notre Bienheureuse fille, et la conjura par le zèle qui l'avait animée, de demander à son divin époux la conversion de ce misérable; elle ne tarda pas à se convaincre du crédit de sa médiatrice. Cet homme endormi dans les plus profondes ténèbres, s'éveilla tout à coup de sa funeste léthargie e sentant son cœur intimement pénétré de la crainte de Dieu qui l'amollit, il détesta ses désordres autant qu'ils les avaient aimés, il en fit la plus sévère et la plus rigoureuse pénitence, qui édifia le reste de sa vie, autant et plus encore, que ses égaremens n'avaient scandalisé. Cette conversion qui fit grand bruit dans toute la province, ajouta beaucoup à la vénération qu'on avait partout, pour l'illustre Rose de Lima.

Ces conversions furent si fréquentes, il s'en présenta tant, et de si rares exemples, que les commissaires crurent ne devoir pas les marquer dans tous leurs détails, ils se bornèrent à en consigner quelques-unes des plus frappantes, en attestant cependant d'après le nombre et le poids des dépositions, qu'il s'était fait dans tout le Pérou un tel changement dans les mœurs, et la conduite des habitants de toutes les classes, depuis la mort de Rose, et par son invocation, que cette réforme seule, pouvait être regardée comme un de ses plus grands miracles, et qu'il suffisait pour attester sa béatitude qu'il paraissait clairement, que le Seigneur voulait recompenser ainsi, le zèle qui la consumait durant sa vie, pour le salut des ames, et la recompenser de ses larmes amères et continuelles, et de tant de cruelles pénitences qu'elle avait faites pour la conversion des pécheurs. Au reste cet imposant témoignage était établi sur celui des évêques, des curés, des prêtres, et des religieux de tous les ordres, qui convenaient tous, qu'ils n'avaient jamais vu les tribunaux de la pénitence entourés d'autant de pécheurs invétérés, et qui donnassent dans des confessions générales des marques aussi consolantes de repentir et de douleur. Eh certes, c'était un spectacle nouveau pour ces pays de voir s'y établir un commerce d'une espèce singulière, comme on l'a vu d'autres fois à la suite des missions de ces hommes apostoliques, que Dieu envoie dans sa miséricorde, à ses enfans égarés pour les ramener à lui. (1). Des marchands de haires, de cilices, de disciplines, de ceintures, de chaînes, de fer et de crin, vendaient publiquement ces instrumens, d'une sainte rigueur contre un corps qui a servi d'instrument au crime et que la ferveur de tant de saints pénitens a autorisé à punir par cette juste sévérité. Cette impulsion à la pénitence, que le souvenir de celle de Rose innocente, n'animait pas peu, était telle que ces marchands ne suffisaient pas à toutes les demandes.

On vit des femmes et des filles, perdues de mœurs, et livrées aux plus honteuses passions, se dévouer dans la retraite aux larmes et aux salutaires remèdes de leurs désordres passés; des femmes mondaines, idolâtres du luxe, de la mollesse, des spectacles et des plaisirs, qui sans être aussi révoltans, n'en sont

(1) Voyez la vie de Saint Vincent Ferrier.

pas moins opposés aux loix de la modestie et de la pudeur qui évite même ce qui a l'apparence du mal, on les vit rentrer sincérement en elles-mêmes, reformer tout cet appareil de vanité qui les séduisaient pour méditer en secret cet oracle; « qu'il est des » voies qui, bien qu'elles paraissent droites, n'en » mènent pas moins en enfer. » Le saint et salutaire exercice de la méditation, de l'examen journalier de la conscience, des bonnes et fréquentes lectures des livres pieux, devint familier à presque tout le monde; les fruits abondans qui en résultèrent, faisaient le sujet de l'admiration publique; la licence des propos disparut, la foi se ranima, l'union et la charité se rétablirent et s'accrurent, les églises furent visitées, les instructions plus suivies, et les sacremens furent plus fréquentés. Ces heureux habitans pouvaient appliquer à la mémoire et aux reliques de Rose, ce est dit de la Sagesse, qu'avec elle toutes sortes de biens leur avaient été donnés.

Ce ne fut pas seulement pour les pécheurs et les ames mondaines, que Rose s'intéressa; les prêtres, les écclésiastiques, retirèrent les plus grands avantages de ses exemples et des traits édifians de sa vie sainte, devenus publics, par les informations qu'on en avait faites; ils se montraient plus retirés, plus pieux, et plus recueillis dans la célébration des SS. mystères et des offices divins, plus appliqués à l'oraison et à l'étude; plus ardens à travailler au salut des ames. L'amour de notre Sainte pour la pénitence, la solitude, le silence et son union intime avec Dieu.

furent pour les communautés religieuses des deux sexes, un puissant motif pour les porter à travailler efficacement à leur salut et à embrasser les moyens d'arriver à la perfection de leur saint état. Quoi de plus propre en effet à les y porter que le souvenir tout récent, de tout ce que Rose avait fait elle-même pour y parvenir, au milieu des embarras du monde, des soins assidus qu'elle devait à ses parens, des terribles épreuves où ils l'avaient mise, par leurs goûts, si souvent opposés aux siens, et aux vues que Dieu avait sur elle, et aux engagemens qu'elle avait contractés en entrant dans le tiers-ordre de saint Dominique. Ils revenaient tous à leur première ferveur, et à l'esprit primitif des SS. fondateurs de ces asiles de la perfection évangélique. Il y avait entre ces cénobites, une sainte émulation dans la pratique des veilles, des disciplines, et des autres mortifications, en sorte que les supérieurs avaient plutôt à modérer cette ardeur qu'à l'exciter. Les exemples édifians que la Sainte fille avait la première donnés, attirèrent dans ces diverses communautés plusieurs sujets distingués, qui se croyaient redevables de leur vocation à ses prières et à ses exemples.

Ce qui mit le sceau à tous ces merveilleux changement, fut le témoignage d'un des hommes les plus distingués du pays, par ses qualités éminentes ; il vint déposer devant les députés du saint Siége, que depuis que l'Évangile de J. C avait été prêché au Pérou, par les enfans de saint Dominique, il n'y avait jamais eu de prédicateur qui eût inspiré de si beaux sentimens de pénitence, ni qui eût embrasé le cœur de ses auditeurs d'un si grand amour pour Dieu, que l'avait fait sainte Rose depuis sa mort. Dieu lui accorda la grâce de changer même les esprits les plus indociles et qui poussaient l'égarement jusqu'à la déraison. Toute la ville connaissait l'aversion insurmontable, que Marie de Suara, Épouse en secondes noces d'un des plus riches propriétaires de la province, avait pour les enfans du premier lit de son mari; elle ne pouvait les souffrir, ni en entendre parler, sans entrer dans d'étranges fureurs. Son aversion s'étendait aussi aux cousins de ses enfans, qui étaient très-pauvres. Personne n'avait pu lui faire entendre raison et la ramener à des sentimens plus justes. Rose qu'on invoqua pour l'obtenir, le fit de la manière la plus efficace; à la première prière qui fut faite à cette dame en leur faveur, elle les reçut avec bienveillance, déchira un premier testament qu'elle avait fait à leur préjudice et les appella à sa succession. Nous finirons cette matière par un autre trait non moins remarquable. Une bonne femme (Louise de Mendora) était jalouse de la vertu de la sainte Fille, et se permettait d'en parler peu avantageusement, parce qu'elle croyait que sa conduite, et tout ce qu'on en disait n'était que pure illusion; elle fut bientôt détrompée. Il lui prit une si grande faiblesse, un tel abattement de corps, une telle tristesse d'esprit que ne pouvant plus agir ni se remuer, elle était à charge aux autres et à elle-même, elle tendait visiblement au désespoir, et se trouvait dans ce fâcheux état, lorsque le convoi de Rose passant sous ses fenêtres, elle entendit les cris du peuple : *c'est la Sainte*. Aussitôt elle lui demanda pardon, et fut parfaitement rétablie.

CHAPITRE XXIV.

DES MIRACLES OPÉRÉS PAR SON INTERCESSION.

Les miracles ne sont pas toujours la preuve et le caractère essentiel de la sainteté, mais la sainteté prouve la vérité des miracles. Dieu les a employés pour établir et répandre la foi dans le monde, et saint Augustin les a appelés pour cela, la semence de la Foi; plantée depuis peu dans le Pérou, elle avait besoin de ce moyen pour y croître et s'y fortifier, et comme sainte Rose est la première sainte de ce pays que l'Église ait publiquement reconnue, Dieu lui a accordé pour le bonheur de sa patrie, avec abondance, ce don précieux. Entre le grand nombre de miracles relatés aux commissaires Apostoliques de Lima, et qui furent consignés dans les procès-verbaux, les premiers écrivains de la vie de la sainte, dans l'impossibilité de les rapporter tous, (il faudrait pour cela plus d'un volume,) se sont bornés à quelques-uns des plus célèbres, et qui étaient appuyés des témoignages les plus nombreux et les plus authentiques; nous suivrons en cela leur exemple. Nous trouvons au premier rang la résurrection de deux morts. La première est celle de Magdelaine de Tarrez, fille d'un pauvre laboureur. Épuisée de fatigues et de misère, elle se mit au lit, des suites d'une langueur mortelle; après avoir traîné dans ce marasme plus de trois mois, elle succomba sous le poids de ses maux. On mit son corps après sa mort, couché par terre sur la paille, selon l'usage des pauvres. Elle resta ainsi vingt-quatre heures, et pendant cet intervalle de temps, tous les voisins et bien d'autres étaient venus la voir. Tout était prêt pour l'enterrement et l'on allait enlever le corps, lorsqu'une dévote de la sainte arriva et lui mit sur la bouche un morceau de l'habit de sainte Rose, qu'elle conservait, comme une relique; cette parcelle renfermait le souffle de vie, on vit non sans admiration, la défunte que tous avaient considérée attentivement, ayant tous les signes d'une mort indubitable, le corps glacé, les membres raides et le visage déjà décomposé, on la vit dès que la relique fut appliquée à sa bouche se dresser sur son séant sans l'aide de personne, comme si elle s'éveillait d'un doux sommeil, remerciant Dieu et sainte Rose de cette insigne faveur. Les nombreux assistans témoins du miracle joignaient leurs actions de grâces aux siennes. Le trait suivant n'est pas moins frappant ni moins authentique. Antoine Brand était malade depuis trois mois d'une fièvre brûlante, et d'un mal d'estomac très-commun et souvent mortel, en Amérique, la violence de son mal le conduisit à la mort. Ses nombreux amis présens à ses derniers momens et aux convulsions de son agonie, le laissèrent après son dernier soupir, ne voyant plus sur sa figure que les indices d'une mort certaine; après l'avoir bien pleuré avec sa famille dans des appartemens voisins, ils rentrèrent dans sa chambre, et quoiqu'il n'y eut rien de changé dans l'état où ils l'avaient laissé, sinon que les marques de la mort étaient encore plus évidentes, pour s'en mieux assurer encore ils voulurent en faire l'épreuve. Ils le remuèrent donc quoiqu'avec peine, et le secouèrent de toutes les manières, les uns le pinçaient, les autres le pressaient au visage, aux bras, aux doigts des mains et des pieds, fort rudement et bien inutilement, après quoi l'ayant arrangé pour être enseveli, et placé au milieu de son appartement avec l'appareil ordinaire, ils se retirèrent en lui disant l'éternel adieu. Cependant il arriva que parmi toutes ses connaissances qui vinrent consoler sa famille et jeter de l'eau bénite sur son corps, il y eut quelques personnes pieuses qui prièrent la bienheureuse Rose pour lui, avec tant de ferveur et de succès en même-temps, qu'il se leva de dessus le drap mortuaire sur lequel il était étendu et publia hautement la faveur qu'il avait reçue de la Sainte. Parmi les malades guéris par l'attouchement de son corps lorsqu'elle fut exposée à l'Église, une femme avait un bras paralysé depuis plusieurs années, tous les remèdes de l'art avaient été inutiles, et les chirurgiens assuraient que sans un miracle, il était incurable. Il ne le fut pas pour la puissance de Rose, ni pour la confiance de la malade; elle vint le faire toucher au saint corps, à travers la foule qui l'entourait et sur le champ elle le remua, comme s'il n'avait jamais été perclus. Une pauvre esclave maure, affectée du même mal que la précédente, reçut le libre et parfait usage de son bras, en baisant dévotement l'habit de la Sainte. Le Prêtre Dom George de Aranda, ayant suivi comme aumônier, les troupes espagnoles dans une guerre au Chili, reçut au bras un coup de mousquet; sa blessure n'ayant pas été bien soignée, il s'y forma un dépôt, le pus qui s'y était ramassé caria les os, et les médecins ne trouvaient plus d'autres moyens que de l'amputer promptement, pour prévenir la gangrène, mais il implora le secours de sainte Rose, et fut guéri parfaitement sans aucun appareil. Alphonse Diaz, avait perdu l'usage des pieds et des jambes, par une terrible contraction de nerfs, n'ayant aucune ressource il mendiait de porte en porte dans Lima, appuyé sur des béquilles, sans pouvoir se soutenir. Animé d'une vive confiance, il vint à l'Église, et s'étant fait placer auprès du cercueil de sainte Rose, il la conjura avec larmes d'avoir pitié de lui; sa prière finie, il se dressa sur ses pieds parfaitement rétabli, et comme le paralytique de Jérusalem, il entrait et sortait de l'Église, sautant et bénissant Dieu, et sa charitable Médiatrice qui lui avait obtenu un si grand bien. Une petite fille de dix ans avait une esquinancie qui lui avait enflé les amygdales de la gorge, de sorte qu'elle ne pouvait avaler une goutte d'eau. Il s'y forma une ulcère où la gangrène s'était mise; les médecins avaient annoncé la mort inévitable, on lui mit dans la bouche un peu de la terre du sépulcre de la Sainte, et elle fut subitement et parfaitement guérie.

Il y avait plus de vingt ans que l'Abbesse des Clarisses de Lima, était affligée d'une tumeur à la jambe, dont la malignité la faisait souffrir cruellement, il s'y était formé tout autour comme un cordon de plaies envenimées qui lui causaient une fièvre ardente; les longues et violentes douleurs l'avaient réduite à un tel état de faiblesse qu'on désespérait non-seulement de sa guérison, mais encore de sa vie. Après avoir essayé tous les remèdes, elle en prit un plus simple et beaucoup plus efficace, ce fut d'avaler un peu de la terre du tombeau de sainte Rose; elle trouva dans la vertu de cette terre la guérison qu'elle avait cherché inutilement dans l'art et les remèdes de la médecine.

Deux jeunes Nègres éprouvèrent aussi les effets de la protection de notre Sainte, l'un perclus de la moitié du corps, était obligé de rester couché à terre ne pouvant se tenir debout sur ses pieds; l'autre, à-peu-près dans le même état, ne marchait qu'avec des échasses. Sur le bruit de tous les miracles qui s'opéraient à l'Église, où notre Sainte était exposée, ils s'y firent porter, et après l'avoir priée de tout leur cœur, ils furent rétablis si parfaitement, qu'ils firent plusieurs fois le tour de l'Église devant la foule du peuple, qui bénit Dieu, et la charité inépuisable de Rose. On avait remarqué dès son vivant, qu'elle participait à l'amour de son divin Époux pour les enfans, à cause de leur innocence. Il n'était pas étonnant qu'on les lui amenât après sa mort pour la leur montrer, dans le temps qu'elle fut exposée à l'Église, et les mettre sous sa protection; il en fut bien peu dans la ville qu'on n'y portât. Dans l'impossibilité d'atteindre au cercueil, les mères se les transmettaient des unes aux autres pour le leur faire toucher. C'était déjà une espèce de miracle que dans une si grande affluence, aucun de ces enfans ne fut étouffé et ne reçût le moindre mal, mais ce qui est vraiment miraculeux et bien attesté, c'est que tous ceux de ce grand nombre qui étaient atteint de quelque infirmité ou maladie, en furent guéris par l'attouchement du cercueil. Dans la confusion inévitable au milieu d'un concours immense du peuple, on ne put tenir un compte exact et régulier de toutes ces guérisons, mais il fut vérifié et constaté qu'un très-grand nombre d'enfans recouvrèrent les uns la parole, les autres la vue, d'autres le libre usage de leurs membres perclus, et d'autres en plus grand nombre encore, furent délivrés de fièvres opiniâtres, ou de maladies déjà invétérées.

Le Révérend Père de la Véga Loaysa, de la Compagnie de Jésus, interrogé par les commissaires sur tous ces miracles, dont plusieurs s'étaient faits sous ses yeux, répondit en peu de mots, mais d'une manière énergique, que la vie de Rose, en était le plus éclatant témoignage, comme le plus grand de tous ses miracles. A l'appui d'une si grave assertion, nous ajouterons celle du Docteur Jean Labo, Missionnaire très-distingué dans ces Provinces, qui jura solennellement devant les Commissaires, avoir été témoin oculaire de guérisons sans nombre et instantanées faites sur des personnes de tout âge et de toute condition à Chusco, à Potozi, à Orura, et en bien d'autres lieux du Pérou, par l'usage de la terre qu'on tirait de son tombeau, et qu'on regardait justement, comme un médicament céleste. Tant de si grands miracles lui firent donner le nom de la Thaumaturge du nouveau Monde; il n'est aucun besoin, aucune sorte de détresse, aucune douleur qui ne reçût par son intercession un secours ou un soulagement. Ces bons peuples disaient, avec une sorte d'amour-propre bien pardonnable à leur ingénue franchise : « c'est bien » avec raison, qu'il est passé en proverbe, que la » voix du peuple est la voix de Dieu. Ce cri spon- » tané qui a été sur toutes les langues d'une im- » mense population, aux obsèques de Rose, qu'elle » était sainte, qu'elle était l'amie chérie de Dieu, » ce cri est venu vraiment du Ciel, puisqu'il l'ap- » prouve par de si grands et de si fréquens mira- » cles. » Serait-il possible disaient-ils encore dans la touchante simplicité de l'aveugle de Jéricho, qui confondit l'astucieuse sagesse de la synagogue, serait-il possible si cette fille n'eût pas été toute à

Dieu, toute pour Dieu, durant sa vie, si elle n'avait pas été reçue de Dieu à sa mort, dans le sein de sa miséricorde, serait-il possible que Dieu approuvât ce recours continuel et universel qu'on a en elle pour toute espèce de besoins, et qu'il accordât autant et de si rares faveurs par sa médiation. Ce raisonnement auquel nous ne nous croirions pas autorisés à répondre, fut senti sans doute, et pesé dans la plus haute sagesse, par ceux à qui seuls il appartenait de le juger, comme on le verra bientôt. Il est certain que le jugement que porta l'Église après le plus long et le plus rigoureux examen des vertus et des miracles de sainte Rose, ne prévint pas la confiance qu'on avait en ses mérites, non-seulement dans le nouveau monde, mais dans tout le monde Chrétien. En autorisant et réglant cette dévotion, il la rendit plus respectable.

CHAPITRE XXV.

DES DÉMARCHES FAITES A ROME AUPRÈS DU SAINT SIÈGE POUR SA CANONISATION.

Dans le culte et les honneurs limités que l'église catholique rend aux saints, elle se propose avant tout d'honorer et de glorifier Jésus-Christ, l'auteur et le consommateur de toute sainteté, que les saints se sont efforcés d'imiter par la conformité de leur vie avec ce divin modèle. Plus la copie a été fidèle, plus aussi les grâces et la sainteté ont été éminentes, et plus aussi la gloire a été relevée, tant dans le ciel que sur la terre. C'est sur cette haute sainteté de la bienheureuse Rose qu'ont été appuyées toutes les poursuites qu'on a faites auprès du Saint Siège pour obtenir qu'on lui rendît les honneurs rendus aux autres saints, et c'est sur ces demandes revêtues de toutes les conditions qui pouvaient en faire admettre le vœu, que ces honneurs lui ont été décernés d'après les preuves incontestables de ses mérites bien reconnus. On a vu l'idée qu'on avait au Pérou et dans tout le nouveau monde de la haute sainteté de la servante de Dieu ; on a vu aussi d'après cette idée la confiance qu'on y avait en ses mérites et à son crédit dans le ciel. Les grâces les plus signalées qu'on recevait par son invocation soutenaient et augmentaient même toujours plus la confiance qu'on avait en elle. Ce n'était plus seulement dans l'Amérique qu'on la vénérait et qu'on l'invoquait mais dans tout le monde chrétien. Frappée de ce recours et des motifs qui l'appuyaient, l'Église avait établi sur les lieux que notre sainte avait tant édifiés par ses exemples et favorisés de son crédit auprès de Dieu, un tribunal pour informer et constater tout ce que la renommée en publiait. Ce fut d'après cela que tout ce qu'il y avait de grand et de recommandable dans l'Église et dans l'état, fit à Rome les plus vives instances pour que le culte et les honneurs des bienheureux fussent accordés à cette sainte fille.

L'Église métropolitaine de Lima fut la première qui réclama cette faveur pour elle. L'Archevêque à la tête de son vénérable chapitre et de tout le clergé séculier de la province adressa des suppliques qui ne pouvaient que faire la plus forte sensation aux membres de cette cour si sage et si éclairée. Tous les ordres religieux établis alors à Lima vinrent à la suite du premier pasteur et de son illustre clergé. Bien que ces divers ordres religieux se crussent obligés à rendre ce devoir à la bienheureuse Rose qui leur appartenait en quelque sorte, on remarqua que les Dominicains, les Franciscains, les Carmes, les Religieux de saint Augustin, de la Merci, et les Hospitaliers de saint Jean de Dieu furent les plus empressés. Mais aucun peut-être n'y mit autant de zèle que les membres de la célèbre compagnie de Jésus, avec lesquels la sainte fille avait eu de si fréquens, et de si utiles rapports pour la direction de son ame, dans les voies extraordinaires où Dieu la fit passer. Le R. Père Nicolas Mastrille provincial de cette société dans le Pérou écrivit au nom de sa société des lettres communes et particulières au Pape et aux Cardinaux du tribunal des rits, par lesquelles il suppliait Sa Sainteté de procéder à la béatification de la servante de Dieu, Rose de sainte Marie, que ses héroïques vertus et ses grands miracles rendaient si vénérable et si admirable dans tout le nouveau monde.

Tous les corps administratifs de la ville de Lima et de la province joignirent leurs vœux à ceux du clergé dans des suppliques qui honoraient autant leur religion, que les mérites de la sainte fille dont ils demandaient au Père commun la récompense, qu'ils croyaient qu'elle avait d'ailleurs déjà reçue du Père céleste. Mais comme l'opinion qu'on avait de sa sainteté était déjà répandue partout, les demandes de sa béatification ne se bornèrent pas à Lima et dans cette seule province, elles furent communes dans tous les états de l'Amérique, où tous les Évêques, le clergé séculier et régulier, et les autorités civiles, les Vice-Rois et les conseils d'état la poursuivirent avec un zèle qui démontrait qu'ils la regardaient comme l'affaire la plus importante à leur gloire et à leur prospérité. Il n'y eût aucune condition qu'ils ne fussent tous disposés de subir pour l'obtenir. On conçoit aisément combien ces instances multipliées, et si bien appuyées réjouirent le chef de l'Église, qui voyait que cette nouvelle lumière qui brillait dans ces régions, naguère ensevelies dans les ténèbres de l'infidélité, y produisait des fruits si abondans de vie et de salut. Ces vœux furent accueillis à Rome avec la plus douce satisfaction, et examinés avec la plus sérieuse attention ; ils y obtinrent d'abord comme nous l'avons dit, un Bref par lequel le saint Père obligeait tous les chrétiens de ces pays de déclarer ce qu'ils savaient devant les commissaires que le Pape avait nommés ou à leurs substituts afin d'informer de la vie, des mœurs, et des miracles de la servante de Dieu, Rose de sainte Marie.

Après deux ans consécutifs employés à ce travail, les actes authentiques dûment signés d'un nombre infini de témoins furent expédiés à Rome. On se flattait à Lima et dans tout le Pérou qu'on ne tarderait pas d'y recevoir le bref qui couronnerait tant de vertus et de miracles, ainsi que tant de vœux qui les attestaient. Urbain VIII était alors placé sur la chaire de saint Pierre, son long pontifiat ne suffit pas, non plus que celui d'Innocent X son successeur, à la sacrée congrégation des rits pour discuter et examiner tous les faits avec cette haute et profonde sagesse, caractère essentiel à l'oracle infaillible de la suprême vérité. Si par des contrariétés inévitables dans une affaire de cette importance, elle paraissait avancer lentement à Rome, l'ardeur à la poursuivre n'en devenait que plus vive dans tout le Pérou. On renouvella les instances sous le pontificat d'Alexandre VII, tous les états et les corps de ces vastes pays députèrent auprès de sa Sainteté un homme capable de cette honorable mission, c'était le R. Père Antoine Gonzalez docteur célèbre de l'ordre de saint Dominique ; il y travailla avec tant de zèle et d'application, que le 15 septembre 1663, le Cardinal Azzolini fit en présence du Pape et de toute la congrégation des Cardinaux prélats et autres consulteurs des rits, un discours si éloquent des vertus héroïques et des miracles de la servante de Dieu, Sœur Rose de sainte Marie, qu'il fut résolu d'une voix unanime qu'on procéderait incessamment à sa béatification. Cependant elle fut encore retardée ; Dieu le permettant sans doute ainsi pour mieux constater la vérité de tant de faits extraordinaires, de tant de miracles opérés par les mérites de cette humble fille, et pour fermer la bouche aux esprits revêches qui en feraient la censure. La guerre des Turcs dans la Hongrie, et et d'autres fâcheuses affaires ayant consumé les derniers jours d'Alexandre VII, l'heureuse conclusion en était réservée au règne de Clément IX, elle fut le prélude de tout ce qui l'illustra. Outre les instances que le Père Gonzalez réitéra et celles qu'on avait déjà faites au nom du clergé, de la Noblesse et des peuples du Pérou à trois de ses prédécesseurs, l'Ambassadeur de la Reine Régente des Espagnes présenta au Souverain Pontife trois lettres que cette souveraine lui adressait, tant en son nom qu'en celui du Roi son fils, par lesquelles elle le sollicitait puissamment de lui accorder cette faveur qu'elle avait si fort à cœur, ainsi que tous ses sujets. L'Éminentissime cardinal d'Arragon en écrivit trois autres de son côté aussi pressantes, tendant à la même fin. L'ordre de saint Dominique répandu dans toutes les parties du monde présenta par son illustre chef le Révérendissime Père Jean-Baptiste de Marinis, depuis archevêque d'Avignon, deux requêtes très-pressantes au nom de tout ce grand ordre, dans lesquelles il exprimait à la fois ses vœux, ainsi que les désirs de toutes les nations où ces religieux cultivaient avec tant de zèle la vigne du Seigneur, et il joignait à l'appui de tout ce qui était contenu dans les procédures déjà faites, plusieurs autres nouveaux et insignes miracles, opérés depuis que ces procédures étaient terminées.

Ce fut alors que le Saint Père ordonna à la sacrée congrégation d'examiner en dernier ressort toutes les procédures faites pour informer de la vie, vertus et miracles de la servante de Dieu. Après plusieurs assemblées qu'elle tint à ce sujet, cette illustre congrégation donna son décret le dix décembre 1667, par lequel elle déclara que sa Sainteté pouvait en toute sureté procéder à la canonisation de cette servante de Dieu, et cependant permettre qu'elle fût honorée et invoquée des peuples comme et sous le nom de Bienheureuse. Sur cette déclaration de la congrégation des rits, le Pape donna le décret de béatification qui suit, le douze de février suivant 1668.

CLÉMENT PAPE IX.

POUR PERPÉTUELLE MÉMOIRE.

La sainte Église notre mère, très-chaste Vierge et unique épouse de Jésus-Christ a véritablement de nouveaux sujets de joie à la naissance de tant d'enfans que sa fécondité glorieuse produit tous les jours par le moyen de la grâce; mais elle ressent une joie ineffable, elle tressaille d'allégresse et triomphe pour ainsi dire lorsqu'elle nous donne des vierges qui par une pieuse émulation et un désir de la perfection relèvent l'intégrité de leur corps en le conservant exempt de toute corruption de la chair, par la pratique de toutes les vertus. Certes il est bien raisonnable que nous honorions ici bas sur la terre la gloire éminente de ces vierges qui ont été au devant de l'époux avec des lampes ardentes à la main et qui sont entrées avec lui au Ciel pour y célébrer leurs noces, afin qu'étant continuellement à la suite de cet époux céleste, elles nous obtiennent de lui les secours du Ciel et la protection qui nous est nécessaire dans les tentations du siècle qui attaquent incessamment notre faiblesse. C'est pourquoi nous appliquant soigneusement à ce soin par le devoir indispensable de la charge pastorale qui nous attache à la conduite de l'Église universelle, nous écoutons avec plaisir les prières et les vœux des Princes et des Rois catholiques, ou des autres fidèles qui se plaisent à honorer ici bas toutes les fidèles servantes de Dieu qui régnent au ciel avec lui dans la gloire éternelle, et nous leur accordons volontiers leurs demandes après y avoir mûrement pensé et délibéré, quand et ainsi que nous le jugeons utile et nécessaire en notre Seigneur, pour la gloire de Dieu, l'honneur de l'Église, l'affermissement de la religion chrétienne, la consolation et l'édification des fidèles. Ayant donc fait diligemment examiner dans la congrégation sacrée des rits et des cérémonies ecclésiastiques, par nos vénérables frères les cardinaux de la sainte Église Romaine, les procès-verbaux qui ont été faits et dressés par l'autorité du saint Siège Apostolique, de la vie sainte et des vertus héroïques qui ont éclaté dans la servante de Dieu, Sœur Rose de sainte Marie, vierge native de Lima, du tiers-ordre de saint Dominique, et des miracles qu'on assurait avoir été faits par son intercession, et cette congrégation tenue en notre présence, ayant unanimement résolu et déclaré que nous pouvions avec toute sureté procéder par les voies ordinaires de la sainte Église de Rome, quand il nous plairait, à la canonisation solennelle de cette fidèle servante de Jésus-Christ, Sœur Rose, et permettre cependant qu'on la tienne et qu'on l'appèle Bienheureuse partout le monde; désirant écouter bénignement les vœux et les instantes prières que nous ont faites notre très-cher Fils en J. C. Charles Roi Catholique d'Espagne et notre très-chère fille en J. C. la veuve Marianne sa mère et tout l'ordre de saint Dominique, de l'avis et consentement des cardinaux ci-dessus nommés et de notre autorité apostolique : nous accordons par ces présentes qu'on puisse dorénavant honorer cette fidèle servante de J. C., Sœur Rose de sainte Marie, du titre de Bienheureuse, exposer son corps et ses reliques à la dévotion et à la vénération des fidèles (sans les porter pourtant en procession), en faire l'office double et en dire la messe comme d'une vierge non martyre, tous les ans selon les rubriques du missel romain, le vingt-sixième jour d'août, qui est le premier jour sans empêchement, après le vingt-quatre du même mois auquel elle rendit son ame bienheureuse à Dieu. Et tout ceci n'est accordé qu'aux lieux qui sont exprimés ci-après savoir : à la ville, au diocèse de Lima et dans tout l'ordre de saint Dominique, soit de religieux ou religieuses, et pour ce qui est de la messe, à tous les prêtres aussi qui voudront célébrer dans ces lieux-là. De plus nous accordons pour la première année qui commencera dès le jour de la date des présentes, et dans les Indes du jour qu'elles y arriveront, de célébrer la solennité de cette béatification avec l'office de double majeur dans les églises de la ville, diocèse et ordre ci-dessus mentionnés, et dans toutes les églises cathédrales et métropoles d'Espagne et des Indes au jour qui sera arrêté et ordonné par l'ordinaire du lieu et publié dans les six mois. Nous permettons aussi qu'on fasse la même solennité dans l'église de saint Jacques de la nation d'Espagne pendant les deux premiers mois prochains après qu'elle aura été célébrée dans l'Église du Prince des Apôtres, nonobstant les constitutions et ordonnances apostoliques et les décrets qui ont été faits pour défendre les cultes nouveaux et toutes autres choses à ce contraires ; et nous voulons que tout le monde ajoute foi aussi bien aux copies et exemplaires des présentes qui seront imprimées et qui seront signées de la main du sécretaire de la congrégation des cardinaux ci-dessus mentionnée et scellées du sceau du Préfet de cette même congrégation, que l'on ajouterait à ces présentes même en original si on les présentait tant en jugement que hors de jugement. Donné à Rome à sainte Sabine, sous l'anneau du pêcheur, le douzième jour de février 1668, l'an premier de notre pontificat. Signé †. G. Slusius; et à côté Bernard Casalius, sécrétaire de la sacrée congrégation des rits et scellé du sceau du cardinal Marius Ginetti, S. D. Vic. à Rome de l'imprimerie de la chambre apostolique.

Quatre jours auparavant le marquis d'Astorga, ambassadeur ordinaire de sa majesté catholique à Rome auprès de Sa Sainteté, connaissant le désir que le Roi son maître avait et témoignait sous la conduite de sa mère régente, qu'on célébrât cette béatification avec toute la pompe et la solennité possibles pour honorer la bienheureuse Rose qui avait pris naissance dans le royaume du Pérou soumis à ses états, pria Sa Sainteté de permettre qu'on célébrât la fête de la béatification de cette bienheureuse avec une octave solennelle dans tous les couvens et monastères de l'ordre des frères prêcheurs, de l'un et de l'autre sexe. Le Pape pour signaler sa piété en accorda volontiers la permission qu'on n'a jamais accordée à la fête d'aucune autre béatification, ce n'est que trois jours qu'on accorde ordinairement en pareil cas; il eut même la bonté d'en donner un rescrit particulier daté du huit février de la même année. Enfin il mit le comble à toutes ces faveurs en accordant par un nouveau bref une indulgence plénière à tous les fidèles qui visiteraient pendant ces huit jours une des églises de la ville de Lima, ou de ce diocèse, ou bien de tout l'ordre des frères prêcheurs, tant des religieux que des religieuses, ou enfin une des églises cathédrales ou métropoles d'Espagne ou des Indes, et prieraient selon son intention à la manière accoutumée dans les autres indulgences. Le dit bref fut daté de saint Pierre de Rome le 28 d'avril 1668, première année du pontificat de Clément IX.

CHAPITRE XXVI.

FÊTES ET CÉRÉMONIES FAITES A SAINT PIERRE DE ROME, A LA BÉATIFICATION DE SAINTE ROSE DE SAINTE MARIE.

L'ATTACHEMENT des Rois d'Espagne à la foi Catholique s'est toujours montré fidèle et invariable : les vastes et riches Provinces de leurs États, ayant dans tous les temps excité la jalousie et la haine des infidèles et de tous les peuples ennemis de Jésus-Christ et de l'Église Romaine, ces religieux Monarques n'ont rien négligé de ce qui pouvait conserver leurs sujets dans l'amour et la fidélité à la vraie foi, et attirer les infidèles et les autres peuples séparés de l'Église à la connaissance des vérités qu'elle enseigne, et sans laquelle il n'y aura jamais de bonheur et de prospérité pour les États, ni de paix et d'assurance pour les Souverains. Parmi tous les moyens que leur Religion leur a suggérés pour y réussir, un des premiers a été d'offrir aux hommes qui leur étaient soumis, des exemples frappans des vertus que l'Évangile nous commande et à la pratique desquels est uniquement attaché le bonheur du genre humain. Ils ont choisi autant qu'ils l'ont pu ces modèles dans leur propre nation, et dans les diverses classes de la société, afin qu'ils eussent plus de force et d'autorité sur les esprits et sur les cœurs, et afin aussi de détruire tous les prétextes que la faiblesse humaine n'oppose que trop souvent à la pratique de ces mêmes vertus. Mais comme ces modèles ne sont vrais et solides qu'autant qu'ils sont désignés et approuvés par l'autorité de ce tribunal auquel le juge suprême a donné ici-bas le pouvoir de juger les justices mêmes ; ils s'empressèrent de les faire approuver par elle. Animés de ce zèle pour la gloire de la Religion que ces augustes Princes regardaient comme le premier et le plus riche appanage de leur couronne, ils n'ont pas cru pouvoir mieux employer une faible partie des richesses dont le Ciel les avait rendus les dispensateurs, qu'en faisant honorer ceux de leurs sujets que l'autorité de l'Église jugeait dignes du culte que l'on rend aux Saints. Nous devons le dire sans prévention, il semble que le nombre en a été plus grand dans leurs états, au moins dans ces derniers siècles, que chez les autres nations, et il faut ajouter que presque tous ceux de cette illustre terre que l'Église a canonisés dans ces derniers temps, ont un caractère d'héroïsme tout particulier, qui se ressent du génie et des mœurs du sol où ils sont nés et où la plûpart ont vécu.

Tout étant arrêté pour que la bienheureuse Rose reçût les hommages et les honneurs des fidèles, le Père Antoine Gonzalez, postulateur de la cause de cette Bienheureuse, mit la plus grande diligence pour que l'église de saint Pierre de Rome où devait se faire la première fête de cette Bienheureuse fille de saint Dominique fût préparée à l'avance et magnifiquement décorée. Il savait que les fonds nécessaires ne lui manqueraient pas, aussi y mit-il tant de zèle, de prévoyance et d'attention que tous les habitans, les domiciliés des autres nations, surtout les Espagnols et tous les étrangers qui s'y trouvèrent en furent émerveillés. Les Romains avouèrent qu'on n'avait jamais rien vu de pareil et qu'il n'était pas possible de donner à cette auguste cérémonie plus d'éclat et de magnificence. On disait qu'elle était digne de la noblesse du Souverain qui l'avait tant désirée et de la richesse du pays qui y était intéressé.

Sur le frontispice de saint Pierre, au-dessus de la grande porte, était placé un grand tableau ovale où la Bienheureuse Rose paraissait portée par les Anges dans le Ciel, et sous l'ovale était un cartouche à l'extrémité duquel étaient peints deux cygnes d'azur et d'argent; au milieu brillait une étoile allusoire à celle des cygnes, heureux augure de l'avénement du Pape au pontificat. On lisait sur le champ du cartouche :

Quæ tulerat dudùm spinas America profana
Cœlestem gaudet ferre sacrata Rosam,
Inserit hanc fastis Clemens, undè illa coruscans
Virtutum nostras replet odore plagas.

Que ton sort est changé trop heureuse Amérique,
Mille épines jadis couvraient tes tristes champs,
Mais tu dois triompher de voir de notre temps,
Naître de tes hailliers une Rose mystique.
Le Pontife romain en ses fastes divins
Insère cette Rose et prend part à sa gloire,
Il répand ses odeurs parmi tous les humains
Et grave ses vertus au Temple de mémoire.

Au-dessous étaient placées des deux côtés, les armes du Pape et du Roi Catholique blasonnées sur deux colonnes avec cette devise : *non plus ultrà; il faut s'arrêter là ;* et un petit chien tenant dans sa gueule un flambeau ardent, emblême de saint Dominique. Entre les deux colonnes étaient trois couronnes qui sont les armes de la ville de Lima.

Dans le portique de saint Pierre, paré de riches et superbes tapisseries, étaient onze grands médaillons disposés avec art, et sous chacun desquels était un cartouche représentant les armes de l'illustre maison de Rospigliosi. Chacun de ces médaillons rappelait un des traits les plus marquans de la vie de la sainte Américaine, et sur le cadre du cartouche on voyait une devise exprimée par un hiéroglyphe et un distique latin analogue au trait.

Sur le premier, Rose paraissait dans son berceau; sa mère et d'autres femmes qui l'entouraient, admiraient la Rose mystérieuse qui parut sur son visage lorsqu'elle dormait, ce qui lui fit donner le nom de Rose. On lisait le distique suivant :

Auroram roseis imitatur vultibus infans,
Ut foret occiduis nuntia solis aquis.

Ce merveilleux enfant à l'aurore pareil,
Annonce à l'occident le lever du soleil.

Sur le cadre était dépeinte la devise d'un miroir avec un rayon de lumière, qui dans le point de sa réflexion rendait une lumière bien plus grande sans comparaison que celle qu'il avait reçue, avec ces paroles.

Cum fenore reddit.

Ce rayon réfléchi produit mille rayons.

Dans le deuxième médaillon, la Bienheureuse était représentée aux pieds de sainte Catherine de Sienne qui lui donnait l'habit du tiers-Ordre de saint Dominique. On y voyait un papillon mystérieux blanc et noir, pronostic du choix qu'elle devait faire de l'habit de ce saint Ordre, et dans son cartouche on lisait ce distique :

Ad spinas avibus Rosa sponsa vocare secundis
Te decet hic bicolor cultus et arma decent.

Sous un auspice heureux, Rose épouse fidèle,
Aux épines, aux croix, Catherine t'appèle.

Sur le cadre paraissait la devise figurée par une

flamme dans laquelle une branche de laurier semblait pétiller et jeter des étincelles de tous côtés avec ces mots :

Et sua signa dedit.

Ce laurier pétillant peint l'ardeur de son zèle.

C'était une allusion à la religion des anciens peuples, qui prenaient pour bon augure le bruit du laurier dans le feu, et son silence au contraire, pour un signe de malheur. *Laurus tacita funestos eventus, laurus loquax felices portendebat.* (Cœlius Rodiginus.)

Sur le troisième médaillon, Rose était peinte prosternée aux pieds de Notre-Seigneur Jésus-Christ qui lui montrait une balance, avec laquelle sous la figure d'une couronne d'épines, ce Dieu Sauveur pesait une couronne d'or dans un parfait équilibre. Ce tableau était l'emblème des pénitences et des peines de la vie, et la couronne d'or était une figure des degrés de la grâce que Jésus-Christ donnait à sa Bienheureuse épouse.

Sur un cartouche on lisait le distique suivant :

Hinc tormenta, Cruces ; illinc divina coruscat
Gratia ; utrumque probat pondus et æquat amor.

Dans l'un de ces bassins sont les rigueurs des Croix,
Dans l'autre, les douceurs de la grace divine ;
Mais aucun d'eux jamais ne s'élève ou s'incline,
Jésus tient la balance et rend égaux les poids.

On voyait sur son cadre le hiéroglyphe figuré dans une très-belle rose, qui, d'un côté était couverte de rosée et toute brillante de ses plus vives couleurs, et de l'autre elle était languissante, fanée, à cause des rayons du soleil qui frappait en plein midi sur son feuillage; de sorte qu'ils en flétrissaient la juste moitié, avec ces mots :

Inter utrumque.

Je brille d'un côté, de l'autre je languis.

Au quatrième médaillon la Très-Sainte Vierge était représentée réveillant le matin la Bienheureuse Rose, afin qu'elle se mit en prières. Le cartouche contenait le distique suivant :

Ros matutini te sideris evocat olli,
Eia! age, pande sinum, stella Maria monet.

Rose réveillez-vous, l'étoile du matin
Brille, et par son éclat, la nuit sombre est chassée.
Ah! ne sentez-vous pas la céleste rosée
Tomber sur votre couche et remplir votre sein.

On voyait sur le bord du tableau pour hiéroglyphe, une boussole dont la pierre d'aimant regardait par où elle était attirée par l'étoile du Pôle, qui était dépeinte avec ce mot :

Trahit quò dirigat.

Elle attire afin de conduire.

Le cinquième médaillon représentait la Bienheureuse Rose, tenant dans ses bras le divin Enfant Jésus qui lui témoignait son amour par d'innocentes caresses. Le cartouche portait ce distique.

Expetit amplexus sponsa blanditur Jesus
Incipit, arridet pupulus, ardet, amat.

Rose, abandonnez-vous aux saints embrassemens
De cet enfant divin dont la main vous caresse,
Ses regards pleins d'amour et de doux sentimens,
Semblent vous demander un baiser de tendresse.

Sur le bord du tableau étaient des rosiers pour devises, sur lesquels des abeilles bourdonnantes s'assemblaient pour en cueillir le miel avec ces mots:

Generandi gloria mellis.

C'est pour former le miel qu'elles pillent la Rose.

Le sixième médaillon montrait l'enfant Jésus qui donnait sa main à la sainte fille, et qui la faisait promener dans les cloîtres; la terre sur laquelle ils passaient, était brillante de lumière. Le cartouche avait le distique suivant:

Flos sequitur florem, plantæ splendore coruscant,
Utraque virginei planta pudoris ovat.

Ces deux mystiques fleurs suivent la même route,
Dans leurs brillans sentiers paraissent les vertus,
Et sous leurs chastes pas les vices abattus
Font place à la pudeur que le démon redoute.

Sur la bordure de ce tableau était dépeint un arbre de limons, sur lequel on entait une greffe de cèdre avec ce mot pour ame de la devise.

Ut asserat inserit.

Pour le conserver on le greffe.

Le septième médaillon montrait la Sainte, tenant à

la main une rude discipline pour se délivrer de la poursuite du dragon infernal. Il y avait dans le cartouche le disque suivant :

Oblatrare potes, nunquàm mordere tenellam,
Quæ te invicta fugat, Cerbere dire, Rosam.

Il est très-dangereux ce Cerbère infernal,
Mais contre cette tendre Rose,
Sa rage est impuissante et ne peut autre chose
Qu'aboyer, sans lui faire mal.

Un soleil naissant dont les premiers rayons dissipaient et mettaient en fuite les ombres et les brouillards de la nuit, faisait la devise de la bordure, avec ce mot pour ame :

A dprimos victa calores.

A son premier regard les ombres disparaissent.

Le huitième médaillon montrait la Bienheureuse Rose ravie en extase, tomber en défaillance en présence d'un Ange envoyé de Dieu pour la conforter. Le cartouche renfermait ce distique :

Deliquium decrivit amor suspiria legat,
Ad sponsum aligeros ille, Rosamque beat.

L'amour lui cause seul cette douce faiblesse,
L'ange porte à l'amant ses amoureux soupirs,
Et pour recompenser ces momens de tendresse,
Il destine l'amante à d'éternels plaisirs.

Sur la bordure du tableau il y avait pour devise un petit oiseau attaché à un filet dans un pré, ce petit animal faisait effort pour se détacher et semblait proférer ces paroles :

Cupio dissolvi.

Que ne puis-je échapper de ces facheux liens!

Le neuvième médaillon représentait la Bienheureuse s'approchant de la sainte Communion, et comme le Prêtre s'avançait pour la communier, il sentit dans sa main une si grande chaleur qu'elle lui parut brûlée; il reconnut ensuite que cette ardeur provenait des lumières qui environnaient en même-temps la Sainte Hostie et le visage de la Bienheureuse Rose. Le distique qui suit était écrit dans le cartouche.

Splendentem Regum Regem solemque decebant
Splendidè quæ sponso tecta parabat amans.

Il faut pour recevoir un Dieu le Roi des Rois,
Un cœur brûlant d'amour et digne de son choix.

La bordure du tableau portait la devise d'un soleil tout environné de rayons qui épanchait son éclat sur la face de toute la nature, avec ces paroles :

Candor ab æstu.

Sa chaleur produit la lumière.

Le dixième médaillon placé sur une des trois grandes portes de la Basilique, représentait la ville de Lima sous la forme d'une fille majestueuse, assise sur un Crocodile, qui tenait à la main un beau bouquet de roses; elle était ornée de trois couronnes, le petit chien avec le flambeau à la gueule était à côté de saint Dominique, qui éclairait toutes ses provinces. Le cartouche avait ce distique :

Quod tenebræ didicere diem, quod acuta nitentem
Spina Rosam, hoc sacras flamma dedit.

Si l'erreur et la nuit ont fui devant le jour,
Si l'épine est changée en Rose,
La flamme ardente de l'amour
A fait cette métamorphose.

La devise du tableau était une nacre de perles qui concevait une très-belle perle, dès les premiers rayons d'un soleil naissant, avec ce mot :

Tanto fœcunda marito.

C'est par un tel Époux qu'elle devient féconde.

Le onzième médaillon placé à l'autre porte latérale, portait la majesté du Roi Catholique, Charles II, entre deux mondes. Il commandait avec bonté au paganisme de se soumettre à l'autorité de l'Église, figurée par notre saint Père le Pape Clément IX, assis sur la chaire de saint Pierre, avec le cartouche et son disque :

Ite animos et corda sacris supponito plantis
Quis Clemens nonus sit Rosa vestra docet.

Peuple infidèle et misérable
Il faut enfin renoncer à l'erreur,
Il faut à l'autorité vénérable
Soumettre l'esprit et le cœur;
Pleine de zèle et de tendresse
Votre Rose vous tend la main
Pour vous conduire aux pieds du Pontife Romain,
Dont les hautes vertus égalent la noblesse.

La devise du tableau était un soleil naissant, avec

des étoiles qui penchaient devant lui, pour lui témoigner leurs respects, après quoi elles se retiraient, avec ce mot :

Inclinata Colunt.

Astre nouveau, Rose se lève ;
A son brillant aspect,
Chaque étoile s'incline en signe de respect.

La superbe Basilique de saint Pierre, qui par sa grandeur, la justesse de ses proportions et par les richesses de tout genre qu'elle renferme, est non-seulement le chef-d'œuvre de tous les arts, mais encore le plus beau monument religieux qui existe dans le monde, reçut un nouveau lustre, par les ornemens dont elle fut décorée, à l'occasion de la Béatification de sainte Rose. Il semblait que l'ancien et le nouveau monde y avaient épuisé, l'un les trésors de ses mines et l'autre le merveilles de ses arts. La grande nef présentait un aspect ravissant, elle était tapissée de riches tentures d'une étoffe précieuse, au milieu desquelles étaient suspendus de grands tableaux de forme ovale à la hauteur de la voute et représentant les beaux traits de la vie de la Bienheureuse Rose, et les faveurs qu'elle avait reçues de Dieu.

Les grands pilastres et les entrepilastres étaient couverts de brocatelles de velours, de damas richement garnis de franges d'or et d'argent. Les plus habiles ouvriers en ce genre, de divers pays, avaient concourus à ce travail ; on ne pouvait se lasser d'admirer des ouvrages si parfait. Ce qui relevait la beauté de tous ces ornemens, c'étaient des milliers de cierges de cire vierge qui brûlaient sur un très-grand nombre de lustres, sur tous les autels de la Basilique et autour du tombeau des saints Apôtres. C'étaient encore de grands vases d'argent, placés à des distances très rapprochées les unes des autres et dans lequel on jetait de temps-en-temps des parfums précieux, dont l'odeur suave se répandait dans tout ce vaste vaisseau.

Dans la partie de la grande nef qui va de l'autel de la confession au fond de l'Église, où se trouve celui de la chaire de saint Pierre, on avait élevé un grand amphithéâtre assez vaste, pour contenir aisément un nombre très-considérable de personnes qui devaient s'y placer, savoir : tous les membres de la congrégation des rits, tout le clergé de l'Église de saint Pierre, et une foule de gens de distinction. Cet amphithéâtre était tapissé d'une riche brocatelle tissue d'or, sur laquelle on avait placé quatre grands tableaux dignes du pinceau du fameux Lazare Vailli. Ces tableaux représentaient les faveurs les plus singulières que la Bienheureuse Rose avait reçues de Dieu. Dans le premier, on voyait le Sauveur lui apparaissant sous la forme d'un tailleur de pierres, qui la choisissait avec d'autres Saintes filles pour se bâtir un superbe Palais, où elles devaient toutes célébrer avec lui leurs nôces éternelles.

Le deuxième exprimait l'union intime et les fiançailles de Jésus avec la Bienheureuse Rose; la Sainte Vierge mère de Dieu y était représentée comme médiatrice de ce traité spirituel et sacré. Dans le troisième, le peintre avait rappelé le trait où la Bienheureuse trouvant dans une extrême faiblesse et privée de tout secours, le Sauveur lui apparut et la fortifia par quelques gouttes du sang et de l'eau qui sortit de son côté sacré. Le quatrième montrait la reine des anges qui réveillait Rose pour qu'elle s'appliquât à la prière. Au fond de l'amphitéâtre sur le milieu de l'autel de la chaire de saint Pierre était placé un magnifique tableau, ouvrage achevé du même peintre. La sainte fille y paraissait soutenue sur une nuée tenant dans ses bras l'enfant Jésus, ayant à ses côtés deux anges qui portaient une belle guirlande de roses blanches et rouges qu'ils élevaient sur sa tête pour l'en couronner ; on voyait à ses pieds les peuple du Pérou et d'autres provinces qui imploraient avec la plus grande dévotion son crédit auprès de Dieu. Ce tableau était placé sous la Chaire de saint Pierre qui semblait lui servir de couronnement; on voyait à l'entour de superbes vases d'or et d'argent dont l'éclat et le brillant contrastaient avec la lumière de cette prodigieuse quantité de flambeaux qui éclairaient toute l'église. Aux côtés du dit autel où sont placées les grandes et magnifiques statues en bronze doré des quatre docteurs de l'église latine qui soutiennent la chaire du premier apôtre, l'œil était frappé du rapport singulier qu'il y avait entre les traits des figures et ces statues des saints docteurs, avec celle de la Bienheureuse Rose, ils semblaient soutenir son tableau de leurs mains, en soutenant la chaire de saint

Pierre, et regarder son image avec un air qui marquait la joie, qu'ils avaient de son triomphe. On avait pratiqué à l'entrée de cette enceinte deux tribunes spacieuses couvertes de velours, et de brocatelle d'un grand prix. L'une était destinée à l'embassadeur d'Espagne, le Seigneur dom Antonio Alvarez Sorio, marquis d'Astorga et de saint Romain; le duc de Sermoneta, avec toute sa famille se plaça dans cette tribune à côté de lui, ainsi que plusieurs autres princes, et prélats, qu'il avait invités à la cérémonie. L'autre fut réservée aux princesses, et aux dames, que la duchesse de Pimentel de Sermoneta avait invitées. On pense bien que la musique ne fut pas oubliée dans cette pompeuse cérémonie; six chœurs, des plus fameux musiciens de Rome, et de toute l'Italie, furent placés dans autant de tribunes, ce qui ne surprendra pas le lecteur, qui a quelque idée de l'église de saint Pierre. Ces tribunes étaient aussi richement parées de tapisseries; les musiciens exécutèrent la messe et les vêpres solennelles, de la composition du sieur Horace Benevoli, maître de chapelle de l'église de saint Pierre, dont le talent était universellement estimé. Tout étant ainsi disposé Mgr. Febei, consulteur des rits, archevêque de Tarse, fut prié par le chapitre de saint Pierre de chanter la messe, où il fut assisté par deux chanoines, qui firent diacre et sous-diacre, revêtus des plus riches ornemens. Tout le clergé de saint Pierre sortit de la sacristie processionnellement, la croix levée, et vint à la chapelle du saint sacrement, pour l'adorer. Le peuple Romain fut frappé d'y voir une nouvelle décoration; c'étaient six grosses et magnifiqúes lampes d'argent du travail le plus délicat, sur lesquelles outre les armes du pape et de la ville de Lima, on voyait l'image de la Bienheureuse Rose avec cette inscription au-dessous : *Bona Rosa Sanctâ Mariâ, ordinis Sancti patris Dominici, nata Limæ* 20 *aprilis* 1586 *denata ibidem* 1617. *Beata adscripta à Clemente IX, anno* 1668. Après l'adoration du S. Sacrement, le clergé vint faire la prière devant les reliques du prince des apôtres à la confession, ensuite il s'avança jusqu'au fond de l'amphitéâtre devant l'autel de la chaire de saint Pierre, où était placé le tableaú de la Bienheureuse Rose voilé, ainsi que les autres de la même Bienheureuse qui étaient dans l'église. Le parement de cet autel était de plaque d'argent d'un travail achevé, avec un médaillon de la Bienheureuse Rose au milieu d'une magnifique broderie. Les officians ayant salué la croix de l'autel, s'assirent, ainsi que tous les autres, aux places qui leur étaient destinées, d'un côté les cardinaux de la congrégation des rits, et après eux les consulteurs de la même congrégation; ensuite les généraux des divers ordres religieux invités par celui des Dominicains; le Révérend père Jean Baptiste de Marinis. De l'autre côté à gauche, étaient les chanoines de saint Pierre ayant à leur tête le cardinal Charles Barberin, comme archiprêtre de cette basilique; après les chanoines, étaient placés les RR. PP. Pierre

Marie Passerini de Sestola, procureur général de l'ordre des FF. prêcheurs, et le Père Antoine Gonzalez du même ordre, procureur de la province de Lima et agent postulateur spécial de la canonisation de Sainte Rose; venaient ensuite les bénéficiers, et le reste du clergé de saint Pierre. Tous étant donc assis, et dans le plus respectueux silence, Monseig. Casali secrétaire de la congrégation des rits précédé d'un maître de cérémonies du chapitre de saint Pierre, se présenta devant Monseig. le cardinal Ginetti préfet de la congrégation, en même temps le père Gonzalez procureur de la cause se présenta aussi devant son Éminence, conduit par un autre maître de cérémonies avec le réverendissime Père procureur général de l'ordre. Le premier exposa le bref de la béatification, et le mit avec le plus profond respect entre les mains du cardinal préfet; le suppliant d'ordonner qu'il fût executé, par l'instance suivante qu'il récita en latin; et qui s'adressait au corps de la sacrée congrégation des rits.

Éminentissimes et reverendissimes pères ayant examiné dans cette S. congréga. des Rits, les mérites de la vénérable servante de Dieu, sœur Rose de S^te. Marie religieuse de l'ordre de saint Dominique, née et morte à Lima ville capitale du Pérou dans les Indes Occidentales, et étant dûment informés de la vie sainte qu'elle a menée sur la terre, des vertus théologales et cardinales qu'elle y a pratiquées, et de plusieurs miracles que Dieu a fait après sa mort à son tombeau par son intercession; la sainte congrégation a déterminé et déclaré qu'on pouvait avec sureté procéder à sa canonisation, avec les solennités accoutumées ; et, cependant accorder qu'elle soit invoquée et honorée des peuples sous le nom de Bienheureuse. Sur cette délibération, Sa Sainteté, après en avoir été instamment priée par le roi catholique Charles II, par la reine Marie d'Autriche sa mère régente, et par tout l'ordre des prêcheurs, a favorablement accordé par son bref du 12 février de cette année 1668, qu'on l'appellât Bienheureuse et permis qu'on lui en rendit les honneurs et la vénération. C'est pourquoi afin de sa béatification, je me crois obligé en qualité de procureur du dit ordre, d'adresser cette très-humble requête à cette sacrée congrégation à Vos Éminences, et à monseigneur le cardinal préfet d'icelle, afin qu'elle ordonne qu'on exécute son bref à la plus grande gloire de Dieu, et de sa servante sœur Rose de Sainte Marie.

Le cardinal préfet ayant reçu le bref et la dite instance, renvoya ces pièces par les mains du secrétaire monseigneur Casali, au cardinal Barberin afin que, comme archiprêtre de saint Pierre, il permît qu'on l exécutât dans ladite église selon les intentions de sa sainteté. Ce consentement obtenu, on y procèda en la manière suivante. Un clerc habitué de saint Pierre monta sur une chaire préparée à cet effet, et lut à haute voix le bref; duquel acte on fit instance au notaire de la congrégation des rits ; après quoi le prélat officiant et les ministres s'étant levés de leur fauteuils s'avancèrent aux pieds de l'autel, où ils s'agenouillèrent et s'étant dressés, le prélat entonna le *Te Deum*, qui fut chanté à plein chœur par tous les musiciens. Aussitôt les voiles qui couvraient les cinq tableaux de la Bienheureuse furent enlevés; tous les assistants, tant les prélats, que les membres du clergé, et généralement tous ceux qui étaient dans l'église se mirent à genoux et prièrent quelque temps en silence. On découvrit alors le grand tableau de la Bienheureuse placé sur la porte, à l'extérieur de l'église; au même instant l'artillerie du château saint Ange, fit une décharge répétée de toutes ses pièces, qui fut suivie d'une autre décharge de trois mille boites placées sur la place de saint Pierre et autour de toute l'église, et d'un plus grand nombre encore qui avaient été distribuées dans divers quartiers de Rome, savoir : sur la place du palais d'Espagne, de saint Jacques des Espagnols, à la place Navone, à celles des plus célèbres couvents des Dominicains, la Minerve, saint Sixte, sainte Sabine, ainsi qu'aux principaux monastères des religieux de l'ordre des prêcheurs, de Sainte Catherine, de sainte Magdelaine, et de l'Humilité. Il faut ajouter à ces marques de la joie publique le son de toutes les cloches, non-seulement de saint Pierre, mais encore de toutes les églises de la nation espagnole, très multipliées à Rome; la fanfare des trompettes, des tambours, et autres instrumens, qui après avoir suivi le chant de l'hymne, sur la place et autour de l'église parcourut jusqu'au soir tous les quartiers de cette célèbre capitale, aux acclamations, et aux transports de joie de tous les habitants ; car, bien que de pareille fêtes ne fussent pas nouvelles pour eux, il n'y eut cependant alors qu'un sentiment et qu'une voix, pour proclamer qu'on n'avait jamais rien vu d'aussi beau, ni d'aussi riche en tout genre. Ce qu'il y eut de plus intéressant, ce fut l'ardeur et le zèle des Romains, et des étrangers de toutes les nations qui s'empressèrent de venir honorer la Bienheureuse Péruvienne. Tous les jours que dura la solennité, 'immense basilique ne désemplit pas : ce n'était pas au reste la curiosité de voir les objets rares et précieux, qu'on y avait accumulés qui les y attirait, mais l'impulsion de la plus tendre piété; il y parut bien par les larmes de dévotion qui coulèrent de tous les yeux, par les cris et les soupirs spontanés que chacun laissa échapper dans cette immense réunion de personnes de tout état. L'hymne finie, après le verset *ora pro nobis beata Rosa*, le prélat célébrant chanta l'oraison de la Bienheureuse; après quoi il encensa le tableau et vint quitter la chappe pour célébrer la messe. En attendant le P. Gonzalez suivi de quelques graves religieux de son ordre distribua à tous les cardinaux présents la copie du bref, l'abregé de la vie, avec l'image de la Bienheureuse Rose; le tout imprimé sur satin, avec une riche broderie d'or et d'argent. Il donna les mêmes objets brodés en soie à tous les consulteurs de la congrégation des Rits, ainsi qu'aux chanoines, aux bénéficiers, et autres du clergé de saint Pierre. La distribution finie, la messe d'une Vierge non martyre fut chantée avec l'oraison propre de la Bienheureuse Rose, et executée d'une manière analogue aux préparatifs qu'on avait faits. Pour mettre comble à la joie de cette fête le Pape accorda l'indulgence plénière à tous les fidèles qui, ce jour là visitèrent l'église de saint Pierre. Le peuple ne fut pas seul, comme nous l'avons dit, à y venir; Sa Sainteté s'y rendit elle-même vers le soir, suivie d'une grande quantité de prélats, de princes, et des plus nobles seigneurs de la ville, auxquels furent distribués des portraits et des livres de la vie de la Bienheureuse Rose. Rome n'avait peut-être pas donné encore des marques et des démonstrations aussi touchantes de la foi, et de la piété qui l'animait : nous pouvons assurer qu'elle communiqua en cette occasion son élan à tout le monde chrétien, dont-elle est la mère et la capitale,

Ces fêtes se répétèrent non-seulement au Pérou, dans toute l'Amérique, mais dans les autres parties du monde. Si on n'y mit pas autant d'éclat et de splendeur qu'à Rome, ce qui n'est pas toujours possible, il est certain qu'on n'y mit pas moins partout de zèle, et d'empressement, à honorer cette illustre épouse de J. C. qui s'était si bien étudiée à se cacher, et à s'humilier durant sa vie.

Nous devons faire remarquer ce qu'ont rapporté les auteurs de ce temps, et ceux qui à cette époque ont écrit la vie des Saints; c'est que jamais on n'avait mis tant de joie à la canonisation d'aucun autre saint, que pour celle de Sainte Rose, non-seulement à Rome, à Lima, et dans tout le Pérou, mais aussi dans tout l'univers catholique, et particulièrement en France. La haute estime qu'on avait partout des mérites de cette Sainte fille, et la conviction de tous ces divers peuples du crédit qu'elle avait dans le Ciel, ne se bornèrent pas à des marques passagères de vénération; partout on l'invoqua, on lui dressa des Autels, on lut sa vie avec avidité, on médita ses éminentes vertus. Les enfans de saint Dominique pour lesquels elle était un si digne sujet d'émulation établirent son culte partout où leur zèle les porta; la gloire qui rejaillit de la vie admirable de cette humble Vierge, sur cet ordre, déjà si célèbre par tant d'autres grands personnages des deux sexes, leur en faisait un espèce de devoir.

De nouveaux miracles vinrent à l'appui des premiers, qu'elle avait déjà faits depuis sa mort; leur état et leur authenticité fournirent des preuves plus que suffisantes pour sa canonisation qui, fut enfin conclue par le pape Clément X, de la maison Altieri. Il en publia le décret solennel, le 12 d'avril 1617, jour où Sainte Rose fut réunie à quatre autres bienheureux, dans les honneurs que l'Église rend aux Saints. Ce furent saint Gaëtan, fondateur des Théatins, saint François de Borgia, 3.me général de la Compagnie de Jésus; saint Philippe de Benizzi, fondateur des Servites, et saint Louis Bertrand de l ordre des prêcheurs Cette canonisation augmenta la piété des fidèles envers notre Sainte; de tous côtés on lui érigea des chapelles, et des Autels; on trouvait partout ses images; chacun voulait se procurer sa vie et on ne la lisait pas sans fruit; on tenait à grand honneur de porter son nom, et on a observé que jusqu'à présent, ça été un des plus répandus parmi les femmes. Après la canonisation, l'Église a placé sa mémoire dans son calendrier, et a fixé sa fête sous le rit double, dans le bréviaire et le missel romain, au 30 Août, avec une oraison propre fort dévote. Il me reste peu de chose à dire pour la conclusion de mon travail, je me bornerai à quelques reflexions sur les vertus admirables de cette Vierge sacrée, j'y joindrai quelques observations qui pourront servir à l'instruction et à l'édification des lecteurs pieux de cette vie merveilleuse. L'éminente sainteté de la Bienheureuse Rose, avait pour fondement sa générosité constante et son inébranlable fidélité, dans la pratique de tous les devoirs de son état et de toutes les vertus chrétiennes; je ne parlerai ici que de sa foi et de sa charité. Qu'elle était grande! qu'elle était vive! la foi d'une simple fille, sans étude à la vérité, mais qui instruite par l'Esprit-Saint était arrivée à la connaissance la plus profonde des mystères les plus relevés de la religion. Elle en parlait d'une manière à étonner les docteurs les plus éclairés; d'après cette divine connaissance, elle vivait dans une si intime union avec Dieu, qu'elle le voyait toujours en tout et adhérait à sa suprême volonté, par la plus parfaite soumission de toutes les puissances de son ame, sans que les plus épaisses ténèbres, les plus étonnantes désolations intérieures, les plus affreuses tentations, fussent capables de la séparer de lui un seul moment. Ce fut au contraire au milieu de ces cruelles épreuves, et parmi tant d'autres : comme les plus graves maladies, les plus violentes persécutions, que sa foi se manifesta avec plus de force et d'éclat. De là sa confiance sans bornes en la bonté de Dieu, sur qui elle s'appuyait uniquement ; au point qu'elle ne trouvait jamais rien d'impossible, ni même de difficile dans tout ce qui était de la gloire de Dieu. Espérant et se confiant toujours en sa parole, lorsqu'elle se voyait dépourvue de tout appui humain, ah! c'est alors que sa confiance redoublait et enfantait des miracles. Sa charité pour le prochain était la vive effusion de l'amour divin qui brûlait dans son cœur. Combien de preuves admirables n'en a-t-elle pas données à l'égard de toutes sortes de besoin et de personnes, toute sa vie n'ayant été qu'une suite de bons offices, de bons conseils, de services, et de secours de toute espèce rendus aux affligés; mais ce qui l'emporte sur tout cela encore, c'est ce qu'elle a fait, et souffert pour subvenir aux maux spirituels du prochain; pour la conversion et la sanctification des ames.

Que n'y aurait-il pas à dire, sur toutes les autres vertus, dont l'assemblage et la réunion font le plus bel ornement et comme ce riche manteau couvert d'or, et de pierres précieuses, dont doivent être parées les Vierges sacrées, en se présentant devant leur divin Époux. Je ne dirai rien de son humilité, qui était si profonde, qu'aux milieu des grâces, et des faveurs que le Ciel lui prodiguait, elle se tenait absolument dans la vue de sa faiblesse, de son impuissance, et la persuasion la plus intime de son indignité : ne s'estimant que la plus grande pécheresse, et la plus ingrate des créatures. Je ne dirai rien de sa douceur, de sa patience, à l'épreuve des plus révoltantes injures, des plus indignes, et des plus cruels traitemens, ce qui lui avait mérité le nom *de Rose sans épines* ; de sa force héroïque à poursuivre généreusement l'accomplissement et la perfection des desseins que Dieu lui avait manifestés, malgré les oppositions de sa famille, la rage de l'enfer, et les traverses que le monde lui suscita ; de sa constance enfin, à s'avancer toujours de plus en plus dans la pratique du bien, et à persévérer dans l'exercice de toutes les vertus chrétiennes, sans qu'on ai jamais pu remarquer dans toute sa conduite, ni affaiblissement, ni dégoût, ni interruption.

Quelque incroyables que paraissent d'abord bien des choses que nous avons rapportées, on ne doit pas raisonnablement les rejetter, ni même les révoquer en doute. Elles portent pour garant de leur vérité, des auteurs très-respectables, par leurs vertus, et leur doctrine, qui les ont examinées scrupuleusement et ne les ont rapportées, qu'après l'examen des consulteurs des rits, hommes très-capables de démêler le vrai du faux. Outre la quantité, et l'autorité des témoignages qui les ont garanties, nous avons encore pour garant la profonde humilité de la Sainte qui l'eut portée à dérober la connaissance de tout ce qu'elle faisait et de tout ce qui se passait en elle d'extraordinaire et de merveilleux, si ses confesseurs, et supérieurs ne l'eussent obligée à le déclarer.

Nous devons observer aussi, que dans tout ce que nous avons raconté de merveilleux et de sublime dans sa conduite, nous n'avons pas prétendu la proposer indistinctement pour modèle, à toutes sortes de personnes. Pour ce qui regarde les faveurs, et les grâces privilégiées qu'elle a reçues du seigneur et tous les états extraordinaires où elle a été attirée de Dieu-même, ce serait une bien blâmable témérité d'y prétendre; ou même de s'y croire appellé sans les plus claires et les plus convaincantes preuves de la volonté de Dieu à cet égard et dont le jugement ne devrait être porté que par les directeurs les plus sages et les plus expérimentés; crainte des illusions du démon, qui souvent en pareils cas se transforme en Ange de lumière. On peut être très-agréable à Dieu, et même arriver à une éminente sainteté, sans passer par ces états extraordinaires, qui sortent de la voie commúne de la vie spiritnelle.

Quant aux vertus qui ont illustré Sainte Rose, bien qu'il n'y en ait aucune dont la pratique soit étrangère aux chrétiens, dans quelque état qu'ils se trouvent; la perfection de ces vertus, dans laquelle s'est exercée constamment Sainte Rose, n'est pas toujours à la portée de tous, ni exigée de tous. Dieu veut souvent de l'un, ce qu'il n'exige pas de l'autre : *Alius Sic*, dit Saint Augustin, *Alius autem Sic ;* ce qu'il demande de tous, c'est que chacun s'exerce dans la pratique de ces vertus avec la plus grande attention et fidélité, selon ses forces, dans l'état où il est placé par la providence. Le Souverain juge ne demandera qu'un talent, et il en exigera cinq, d'un autre qui en aura reçu cinq. Ce serait donc vouloir s'egarer, que de se conduire par son propre esprit, et le mouvement de sa propre volonté, plutôt que par l'impulsion de l'esprit et de la volonté du Seigneur ; que de se proposer d'imiter Sainte Rose dans la pratique de ses étonnantes austérités, de ses longues veilles, de ses fréquentes oraisons; et même dans l'exercice de sa charité, dans tout ce qu'elle a fait pour le service des pauvres, surtout si on embrassait toutes, ou la plupart de ces pratiques sans l'avis, et l'approbation d'un directeur éclrairé, qui ne devrait la donner, qu'après avoir bien éprouvé la personne pour s'assurer de l'esprit qui l'anime, et des motifs qui la portent à s'y livrer; surtout si elle était obligée de vivre sous la dépendance d'autrui, ce serait s'exposer aux plus fâcheuses tentations, vouloir ruiner sa santé, et son corps, à pure perte, donner accès à l'ennemi, sous prétexte de le repousser et se rendre après tout incapable de faire les œuvres d'un devoir rigoureux, pour en faire d'autres inutiles, et de pure surrérogation, que Dieu ne demandait pas. On ne doit pas oublier, ce qu'ont dit à ce sujet les plus grands maîtres de la vie spirituelle, que tout ce qui est admirable dans les Saints, n'est pas toujours imitable.

Mais ce qu'on suivra toujours avec le plus grand

fruit, la plus parfaite assurance de plaire à Dieu, et de s'avancer dans les sentiers de la perfection, c'est de s'attacher comme notre Sainte fille, à l'exercice habituel et intérieur, des vertus solides, d'une vraie et sincère humilité; d'une parfaite obéissance aux parens, et à tous ceux de qui on dépend ; d'une inviolable pureté d'esprit, et de corps ; d'une grande modestie; de l'amour du silence et de la retraite ; du travail ; de la prière mentale ; de la mortification constante des passions, jointe au renoncement à sa propre volonté, à ses goûts, et à ses inclinations. La vie de Sainte Rose en présente, non-seulement aux filles, et aux femmes, mais aussi à tous les chrétiens, des exemples fort touchants, à la portée de tous les âges, et de tous les états. Pour l'intéresser à notre sort, et pour qu'elle obtienne de Dieu la grâce de pratiquer ces vertus, nous lui adresserons la même prière que les enfans de saint Dominique composèrent après sa canonisation, et qui se trouve à l'entrée de la belle chapelle qu'ils lui dédièrent dans leur église de la Minerve à Rome; elle a été traduite fidélement de l'original italien.

PRIERE

A LA GLORIEUSE SAINTE ROSE VIERGE DE LIMA DU TIERS-ORDRE DE SAINT DOMINIQUE, PREMIÈRE SAINTE CANONISÉE DE L'AMÉRIQUE MÉRIDIONALE.

O SAINTE ROSE! Rose odiférante, belle Rose du sacré cœur, aimable épouse de Jésus, de la bouche duquel vous entendîtes ces douces et agréables paroles : Rose de mon cœur, soyez mon épouse; Rose heureuse amante de l'enfant Jésus avec qui vous eûtes si souvent le bonheur de vous entretenir avec la plus grande familiarité, vous embrassant dans une tendresse réciproque; Rose pleine d'amour pour Jésus crucifié; Rose chérie de Jésus caché sous les espèces eucharistiques; Rose chère fille de Marie qui vous éveillait elle-même, chaque nuit, pour que vous pussiez vous adonner à la prière; Rose qui avez eu la consolation de jouir de la présence visible de votre saint ange gardien et de la Bienheureuse Mère Sainte Catherine de Sienne, votre grand modèle, recevant tant de l'un que l'autre les secours dont vous aviez besoin, au milieu de vos peines et de vos combats! Ah! puisque le Ciel vous a favorisée d'une manière si éclatante vous qui êtes ma protectrice et mon avocate, obtenez-moi par vos instantes prières les grâces qui me sont nécessaires, pour adoucir mes peines spirituelles et mes misères temporelles : allumez surtout dans mon cœur, une é celle au moins, de ce feu divin, dont votre cœ toujours uni au cœur aimable de Jésus, fut enfl mé lui-même; afin que, bien que je n'aie pas d comme vous, d'aimer Jésus de toute l'étendue mon cœur et de goûter ses douceurs, je sois plu privé de ce cœur que de son saint amour. Ainsi soit

ANTIENNE.

Vous êtes la gloire de Jérusalem, vous êtes la j d'Israël, l'honneur de notre peuple. O Rose! v avez agi avec un courage héroïque, et votre co s'est affermi, parce que vous avez aimé la chast Priez pour nous Sainte Rose, afin que nous ob nions les promesses de Jésus-Christ.

ORAISON.

O Dieu tout-puissant! auteur de tous les bien qui avez voulu que la Bienheureuse Rose, Vierg que vous avez prévenue de l'abondance de vos grâc brillât dans les Indes, par l'éclat de sa pureté et sa patience; daignez-nous accorder comme à v serviteurs, la grâce qu'attirés à vous par les charm de sa sainteté, nous obtenions de votre infinie mis ricorde la grâce d'être en tous lieux la bonne ode de Jésus-Christ votre fils, par les mérites infin duquel nous vous la demandons, et qui vit et règ avec vous et l'Esprit-Saint dans les siècles des siècl Ainsi soit-il.

Un *Pater* et un *Ave* à Sainte Rose pour la conve sion des pécheurs.

FIN.

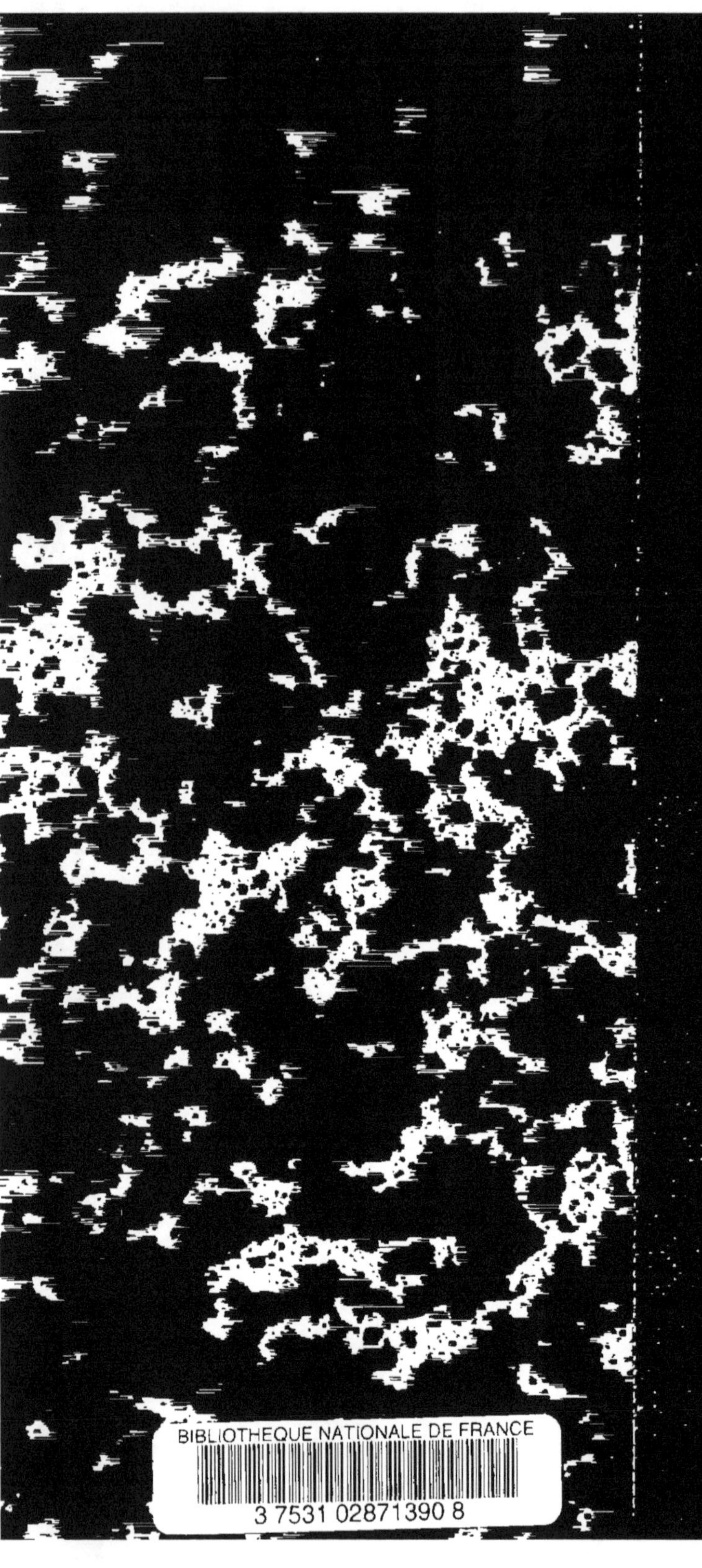

www.ingramcontent.com/pod-product-compliance
Ingram Content Group UK Ltd.
Pitfield, Milton Keynes, MK11 3LW, UK
UKHW012200240726
13966UKWH00002B/464

9 782012 845114